一本书读懂融资融券

蒋 北 编著

人民邮电出版社

北 京

图书在版编目（CIP）数据

一本书读懂融资融券 / 蒋北编著. -- 北京：人民
邮电出版社，2016.9
ISBN 978-7-115-43589-7

Ⅰ. ①一… Ⅱ. ①蒋… Ⅲ. ①证券投资－通俗读物
Ⅳ. ①F830.91-49

中国版本图书馆CIP数据核字(2016)第218448号

内 容 提 要

什么是融资融券？中外融资融券业务的发展状况如何？投资者是如何通过融资融券业务获得收益的？融资融券是带有杠杆性质的金融产品，在放大收益的同时风险也要比普通证券投资更大，那么投资者在实际交易当中应当如何更好地扩大收益，规避风险呢？

本书直击融资融券业务的核心要点，细致解答了上述问题，多角度、全方位地介绍了融资融券业务的价值和意义、交易流程、交易策略和操作技巧，对融资融券业务的风险进行了深度揭示，对融资融券的相关法律法规做了详细介绍，使投资者和证券从业人员能够对融资融券业务一目了然，提高知识水平和业务能力。

本书适合股票投资者、金融投资行业从业人员和相关监管、法律服务行业的从业人员阅读，也适合财经院校学生和对证券投资感兴趣的人士阅读。

◆编　著　蒋　北
责任编辑　李宝琳
责任印制　焦志炜

◆人民邮电出版社出版发行　　北京市丰台区成寿寺路 11 号
邮编 100164　电子邮件 315@ptpress.com.cn
网址 http://www.ptpress.com.cn
三河市君旺印务有限公司印刷

◆开本：700×1000　1/16
印张：14　　　　　　　　　　2016 年 9 月第 1 版
字数：200 千字　　　　　　　2024 年 10 月河北第 30 次印刷

定　价：39.00 元

读者服务热线：（010）81055656　印装质量热线：（010）81055316
反盗版热线：（010）81055315
广告经营许可证：京东市监广登字 20170147 号

前　言

融资融券交易又称证券信用交易或保证金交易，是指投资者向具有融资融券业务资格的证券公司提供担保物，借入资金买入证券（融资交易）或借入证券并卖出（融券交易）的行为。融资融券交易包括券商对投资者的融资、融券和金融机构对券商的融资、融券。

从世界范围来看，融资融券制度是一项基本的信用交易制度。融资融券在西方资本市场已经有了近百年历史，信用交易方式与现货交易结合可以增加证券的供求弹性，有助于稳定证券价格，同时信用交易中的卖空机制可以为投资者提供新的盈利模式，也提供了规避风险的渠道。正是由于信用交易的这一系列优点，所以很多国家和地区都结合自身的特点实行了证券的信用交易，并且为之进行了精心的制度设计。

融资融券业务在中国起步较晚。2010 年 3 月 31 日，沪深交易所开始接受试点会员融资融券交易申报，融资融券业务正式启动。融资融券制度是完善证券市场交易机制的基础性制度，特别是融券业务把做空机制引入股票市场，改变了市场定价机制和交易行为，无论是对各参与主体还是股票市场都产生了深远的影响。

融资融券推出六年以来，发展非常迅速。

截至 2016 年年初，我国的融资融券开户数量已经超过 700 万户，沪深两市的日均融资余额在 8000 亿元以上，在 2015 年市场火爆的时候，日均融资余额更高达 2 万亿元以上。我国的融资融券从无到有，经历了突飞猛进的发展。本书对我国融资融券的现状进行分析，结合我国的国情特征和市场环境对融资融券的发展提出建议，这对促进我国融资融券的发展和资本市场的健康稳定有一定的实践意义。

本书由九个章节和三个附录构成，对融资融券的发展历程、主要模式、意义作用、相关术语、开户流程、如何选择开户券商、参与融资融券的注意事项、融资融券的风险揭示、强行平仓制度及案例、融资融券的网上交易流程、交易策略及技巧、融资融券对市场各方的影响、融资融券与股票质押和场外配资的区别、融资融券常见问题等内容进行了深入的讲解，并且对沪深交易所的融资融券最新交易实施规则和业务管理办法进行了详尽的介绍。另外，本书在编写中穿插了大量的数据、图表、案例，引用的都是最新的数据，所以具有较高的参考价值。

本书对于具有较少经验甚至是不具有融资融券交易实践经验的投资者来说，是一本使用指南手册。实际上，每一个成功的证券投资者即使在无意识的情况下，也会在交易过程中运用融资融券的技巧策略。本书的目的就是帮助投资者更加准确、更有意识地运用融资融券交易策略。

本书内容深入到融资融券业务的每一个细节，在做到专业性的同时，兼顾该行业的知识普及，所以本书不仅适合证券投资者和证券从业人员阅读，也适合广大普通读者阅读。本书还可作为高校金融和投资等专业学生阅读和学习的参考书。通过对本书的阅读和学习，读者可以读懂并学会使用融资融券，从而为更好地获得投资收益打下坚实的理论基础。

本书在策划与编写过程中，得到了刘宝亮、卢明明、崔慧勇、耿丽丽、许亮、李莉影、陈云娇、于海力、冯少敏、张云叶、任学武、刘瑾、贺延飞、靳鹤、王俊娜、卢光光等人的大力支持和帮助，在此向他们深表谢意！

由于编者水平有限，书中难免有疏漏之处，在此恳请读者批评指正。

目　录

第一章

揭秘融资融券

融资融券交易是海外证券市场普遍实施的一项成熟的交易制度，现阶段在我国推行融资融券可以说是一次影响深远的交易制度变革。本章从融资融券的概念、含义、发展历史、主要模式、作用等多方面入手，为读者揭秘融资融券是怎么一回事，帮助读者从宏观上了解、感受融资融券。

一、认识融资融券

融资融券交易又称证券信用交易或保证金交易,是指投资者向具有融资融券业务资格的证券公司提供担保物,借入资金买入证券(融资交易)或借入证券并卖出(融券交易)的行为。融资融券交易包括券商对投资者的融资、融券和金融机构对券商的融资、融券。

(一)区分融资交易、融券交易、信用交易

1. 融资交易

融资交易是指投资者向证券公司交纳一定的保证金,融(借)入一定数量的资金买入股票的交易行为,投资者向证券公司提交的保证金可以是现金或者可充抵保证金的证券。

证券公司向投资者进行授信以后,投资者可以在授信额度内买入由证券交易所和证券公司公布的融资标的名单内的证券。投资者信用账户内融资买入的证券及其他资金证券,整体作为其对证券公司所负债务的担保物。

融资交易为投资者提供了一种新的交易方式。如果证券价格符合投资者预期上涨,融入资金购买证券,而后以较高价格卖出证券归还欠款放大盈利;如果证券价格不符合投资者预期,股价下跌,融入资金购买证券,而后卖出证券归还欠款后亏损将被放大。因此,融资交易是一种杠杆交易,能放大投资者的盈利或者亏损。参与融资融券交易要求投资者有较强

的证券研究能力和风险承受能力。

2. 融券交易

融券交易是指投资者向证券公司交纳一定的保证金，融入一定数量的证券并卖出的交易行为。投资者融入的证券不进入其信用证券账户，而是在融券卖出成交当日结算时由证券公司代为支付，卖出证券所得资金除买券还券外不得用作其他用途。投资者信用账户内的融券卖出资金及其他资金证券，整体作为其对证券公司所负债务的担保物。

融券交易为投资者提供了新的盈利方式和规避风险的途径。假如投资者如果预期证券价格即将下跌，可以借入证券卖出，而后通过以更低价格买入还券获利；或是通过融券卖出来对冲已持有证券的价格波动，以套期保值。

投资者应清醒地认识到，融券交易作为卖空交易，相对买入交易蕴含着更大风险。如果融券交易仅出于投机目的，卖出的证券价格持续上涨时，投资者将产生无限损失。而且，融券交易具有杠杆特性，将进一步放大风险。

总体来说，融资融券交易关键在于一个"融"字，既然有"融"，投资者就必须提供一定的担保和支付一定的费用，并在约定期内归还借贷的资金或证券。

3. 融资融券与信用交易的区别

在日常的金融活动中，融资融券交易往往与信用交易在概念上被混用，但两者的含义并不相同。从广义和狭义两个方面对融资融券和信用交易的概念进行对比，详见表1-1。

表 1-1　融资融券和信用交易概念对比

项目	融资融券	信用交易
广义概念	包括券商对投资者的融资、融券和金融机构对券商的融资、融券	包括买卖双方所互相给予的信用，涵盖证券期货交易、证券期权交易、保证金交易、证券质押贷款四种形式
狭义概念	特指融资融券业务，是从证券公司业务范围意义上的界定，即证券公司向客户出借资金供其买入证券或出借证券供其卖出的业务	仅指融资融券交易

（二）融资融券的发展历史

1. 海外融资融券市场的发展

融资融券制度最早起源于美国。在经历了 20 世纪 30 年代的大萧条后，美国政府认为，股市的狂跌应部分归因于过度的融资融券，因此有必要规范融资融券。1934 年出台的《证券交易法》第七章专门对融资融券做出规定，美国联邦储备委员会作为融资融券的监管机构，有权制定实施细则，有权根据融资融券规模调整保证金比例以防止过度投机或股价过度波动。

此后，联邦储备委员会根据《证券交易法》第七章制定了详尽的规则。此外，该委员会还在《基于证券交易法的规则》中对卖空做了具体规定。后来，美国《1996 年全美证券市场促进法》对融资融券进行了局部修改，主要是在一定程度上削弱了第七章对联邦储备委员会的授权。

目前，上述法律法规构成了美国融资融券的法律基础，由此也形成了有着广泛影响力的美国融资融券制度。

在亚洲市场，日本融资融券发展历史也较为悠久，日本于 1951 年推出保证金交易制度，保证金率及相关的管理由大藏省（大藏省是日本自明治维新后直到 2000 年期间存在的中央政府财政机关，主管日本财政、金融、税收。2001 年 1 月 6 日，中央省厅重新编制，大藏省改制为财务省和金融厅）进行。1954 年，日本通过了《证券交易法》，在规范了之前的买空交易的同时，又推出融券卖空制度。

我国香港市场在 1994 年 1 月正式出台融资融券机制。

2. 国内融资融券市场的发展

我国国内融资融券市场的发展大致经过以下几个阶段，如图 1-1 所示。

禁止交易阶段：在中国证券市场建立初期，出于控制市场风险的考虑，不允许进行信用交易，但证券市场存在着强烈的需求，导致地下融资融券活动暗流涌动。为了向客户提供融资融券服务，部分证券营业部出现了挪用客户保证金及证券的事件，由此产生了极大的市场隐患。因此，1998 年《证券法》第 35 条规定"证券交易以现货进行交易"，并于第 36 条明确规定"证券公司不得从事向客户融资或融券的证券交易活动"

2005 年

制度建设前期准备：《证券法》实施后，地下融资融券又以"三方监管委托理财"等形式出现，进一步刺激了证券公司挪用保证金和证券。面对客观需求，2005 年《证券法》第 142 条规定："证券公司为客户买卖证券提供融资融券服务，应当按照国务院的规定并经国务院证券监督管理机构批准。"这就从法律上为证券信用交易提供了必要的制度空间

2006 年

制度建设启动：中国证监会于 2006 年 6 月 30 日发布《证券公司融资融券业务试点管理办法》和《证券公司融资融券业务试点内部控制指引》，融资融券业务的具体制度建设正式启动，8 月 21 日，两大证券交易所分别发布《上海证券交易所融资融券交易试点实施细则》与《深圳证券交易所融资融券交易试点实施细则》。8 月 29 日，中国证券登记结算有限责任公司发布《中国证券登记结算有限责任公司融资融券试点登记结算业务实施细则》。

2008 年

2008 年 4 月 23 日，国务院发布《证券公司监督管理条例》与《证券公司风险处置条例》。至此，中国融资融券业务规则体系已基本完备

—— 2008 年 ——

业务试点： 2008 年 10 月 5 日，中国证监会宣布启动融资融券试点

—— 2010 年 ——

在此基础上，2010 年 1 月 8 日，中国证监会宣布，国务院已原则同意开展证券公司融资融券业务试点。

2010 年 1 月 22 日，中国证监会发布《关于开展证券公司融资融券业务试点工作的指导意见》，标志着证券公司融资融券试点申请工作正式启动

正式进入市场操作： 2010 年 03 月 19 日，证监会公布融资融券首批 6 家试点券商。

2010 年 03 月 30 日，上海、深圳证券交易所正式向 6 家试点券商发出通知，将于 2010 年 3 月 31 日起接受券商的融资融券交易申报。融资融券交易正式进入市场操作阶段。2016 年 4 月 12 日，据统计开展融资融券业务证券公司已有 94 家，开立投资者信用证券账户超过 600 万户

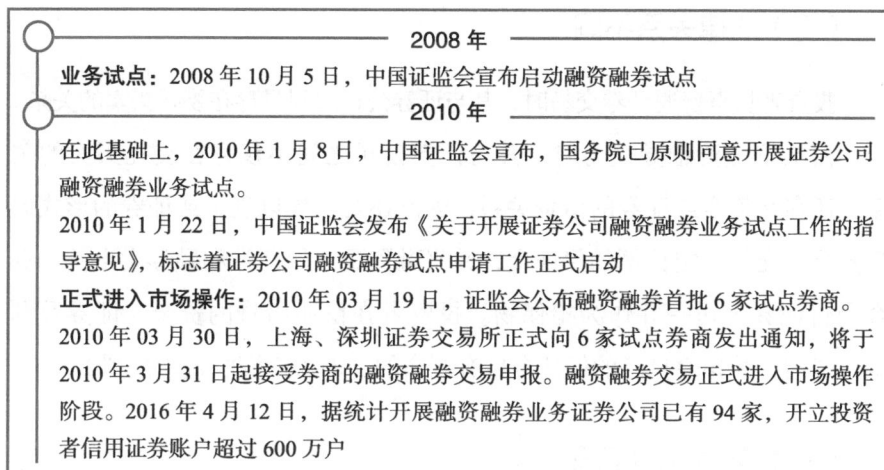

图 1-1　国内融资融券市场发展历程

二、融资融券与普通证券交易的区别

融资融券交易与普通证券交易相比，在许多方面有较大的区别，归纳起来主要有以下四点不同，即保证金要求不同、法律关系不同、交易控制不同、风险承担和交易权利不同。

（一）保证金要求不同

投资者从事普通证券交易须提交 100% 的保证金，即买入证券须事先存入足额的资金，卖出证券须事先持有足额的证券。

而从事融资融券交易则不同，投资者只需交纳一定的保证金，即可进行保证金一定倍数的买卖（买空卖空），在预测证券价格将要上涨而手头没有足够的资金时，可以向证券公司借入资金买入证券，并在高位卖出证券后归还借款；预测证券价格将要下跌而手头没有证券时，则可以向证券公司借入证券卖出，并在低位买入证券归还。

（二）法律关系不同

投资者从事普通证券交易时，其与证券公司之间只存在委托买卖的关系。

而从事融资融券交易时，其与证券公司之间不仅存在委托买卖的关系，还存在资金或证券的借贷关系，因此还要事先以现金或证券的形式向证券公司交付一定比例的保证金，并将融资买入的证券和融券卖出所得资金交付证券公司一并作为担保物。投资者在偿还借贷的资金、证券及利息、费用，并扣除自己的保证金后有剩余的，即为投资收益（盈利）。

（三）交易控制不同

投资者从事普通证券交易时，可以随意自由买卖证券，可以随意转入转出资金。

而从事融资融券交易时，如存在未关闭的交易合约时，需保证融资融券账户内的担保品充裕，达到与券商签订融资融券合同时要求的担保比例，如担保比例过低，券商可以停止投资者融资融券交易及担保品交易，甚至对现有的合约进行部分或全部平仓。另一方面，投资者需要从融资融券账户上转出资金或者股份时，也必须保证维持担保比例超过300%时，才可提取保证金可用余额中的现金或充抵保证金的证券部分，且提取后维持担保比例不得低于300%。

（四）风险承担和交易权利不同

投资者从事普通证券交易时，风险完全由其自行承担，所以几乎可以买卖所有在证券交易所上市交易的证券品种（少数特殊品种对参与交易的投资者有特别要求的除外）。

而从事融资融券交易时，如不能按时、足额偿还资金或证券，还会给证券公司带来风险，所以投资者只能在证券公司确定的融资融券标的证券范围内买卖证券，而证券公司确定的融资融券标的证券均在证券交易所规定的标的证券范围之内，这些证券一般流动性较大、波动性相对较小、不易被操纵。

融资融券交易和普通证券交易的主要区别详见表 1-2。

表 1-2　融资融券交易和普通证券交易对比

对比项目	普通证券交易	融资融券交易
相关开户条件限制	合格账户	合格账户，并要求开户 6 个月、金融资产 50 万以上
账户开立	可在多家券商开立证券账户	只能在一家券商开立证券账户
担保物	无需提供	客户须向证券公司交存相应的担保物
法律关系	委托代理关系	委托代理关系、借贷关系、信托关系融资 / 融券只能交易标的证券
交易对象	可以买卖所有上市交易的证券	融资 / 融券只能交易标的证券
交易方向	多头交易	多头、空头交易（融券提供做空机制）
有无杠杆	无交易杠杆	有交易杠杆、有放大盈亏
相关开户条件限制	不受限制	受到融资融券合约期限（最长 6 个月）和融资融券合同期限（最长 1 年）的限制

三、融资融券的主要模式

融资融券交易是海外证券市场普遍实施的一项成熟交易制度，是证券市场基本职能发挥作用的重要基础。各个开展融资融券的资本市场都根据自身金融体系和信用环境的完善程度，采用了适合自身实际情况的融资融券业务模式，这些模式可归结为两类：以美国为代表的市场化模式、以日本为代表的集中授信模式。

（一）美国的市场化模式

19 世纪，信用交易开始在美国出现并迅速发展，这极大地增强了美国证券市场的流动性。同时，由于双向交易机制的存在，信用交易多次在股价被严重低估和高估时，发挥了促使股价回归的积极作用，特别是在股市上涨的后期，卖空交易往往有助于抑制市场泡沫的膨胀。

1929 年至 1933 年的经济大萧条使道琼斯指数下跌了近 90%，虽然研究表明并非信用交易所致，但监管部门逐渐意识到信用交易过度的风险，开始实施法律管制。不久，美国国会通过了《证券法》和《证券交易法》，形成了美国证券信用交易制度的法律体系。2004 年，美国证券交易委员会制定规则 SHO，取代《证券交易法》中卖空交易相关条款。2008 年的金融危机后，美国又采取颁布卖空禁令、修改规则 SHO 以及加强卖空交易信息披露三项措施，进一步完善信用交易监管体系。

由此可见，融资融券交易是证券市场发展不可缺少的一项基本交易机制，适当的监管可保障其积极效果。

1. 运行机制与制度安排

美国证券融资交易的主要运作过程由投资者、证券公司和银行三个环节组成，其中证券公司扮演着关键的角色。证券公司一方面为投资者提供融资，另一方面又向银行办理转融通。而在融券交易方面，转融通的对象范围更广，包括其他证券公司、非银行金融机构和投资者在内的证券提供者。

在法规制度安排方面，国会 1933 年和 1934 分别通过了《证券法》和《证券交易法》，规定了美国证券交易委员会和联邦储备委员会的定位、在信用交易中的监管范围和职能等。这两个机构在此上层法的基础上制定详细的监管规则，对信用交易中的授信和交易行为进行管理。

2. 主要特点

美国证券信用交易制度在发展历程中，呈现出三个特点，如图 1-2 所示。

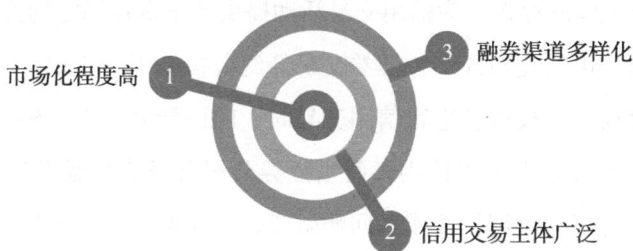

图 1-2　美国证券信用交易制度的特点

（1）市场化程度高

美国融资融券交易的最大特征就是高度的市场化。在制度的设计上，监管当局从既要活跃市场又要有效防范风险的目标出发，制定了一套较为完整的规则、制度。在制度所限定的范围内，融资融券交易活动完全由市场参与者自发完成，这种信用交易的市场化特征，很大程度上得益于金融市场自身的发达。

（2）信用交易主体广泛

在美国的融资融券交易模式中，银行、证券公司、基金、保险公司、企业财务公司等各个单位之间联系广泛。在融资融券的资格上，几乎没有特别的限定，只要是资金富裕者，就可以参与融资，只要是证券拥有者，就可以参与融券。只是作为普通的投资者，在专业化分工的体系下，其融资或者融券的行为都通过交易经纪公司来进行。而证券公司之间，同样可以相互融资融券。证券公司与交易客户之间，只要建立在"合意"的基础上，实际上也可以进行融资融券活动，比如出借证券、使用客户保证金等。这种信用交易主体的广泛性，也是源于美国金融市场的发达。

（3）融券渠道多样化

美国的证券信用交易，除了交易指令需要专门的证券公司来委托进行外，几乎是一个全面开放的市场，市场参与者的限制较少，融券券源的来源渠道广泛。特别是由于大量的保险基金、长期投资公司、院校投资基金等长期投资主体的存在，为信用交易活动提供了丰富且稳定的券源。

在美国的市场化模式中，证券交易经纪公司处于核心地位。美国信用交易高度市场化，投资者进行信用交易时，向证券公司申请融资融券，证券公司直接对投资者提供信用。而当证券公司自身资金或者证券不足时，证券公司则向银行申请贷款或者回购融资，向非银行金融机构借入短缺的证券。这种市场化模式建立在信用体系完备和货币市场与资本市场联通的前提下，证券公司能够根据客户需求，顺利、方便地从银行、非银行金融机构调剂资金和证券头寸，并迅速地将融入资金或借入的证券配置给需要的投资者。美国的市场化模式效率高、成本低。

美国的融资融券交易机制如图 1-3 所示。

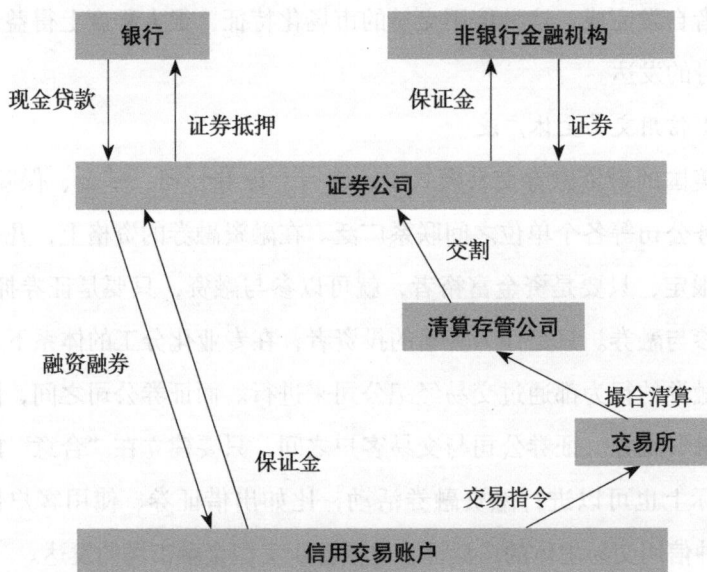

图 1-3 美国融资融券交易机制

（二）日本的集中授信模式

日本于 1951 年开始正式采用融资融券制度（即信用交易），以确保证券市场的交易量与流动性，促进公允价格机制实现。第二次世界大战后，日本处于经济困难时期，为了迅速复兴经济，金融机构的资金供应主要投向实业，导致证券公司资金短缺，无力承担融资融券交易。为此，日本设立了专业的证券金融公司，向证券公司提供资金和券源，以解决证券公司融资融券业务开展时自有资券不足的问题。

证券金融公司的转融通业务活跃了当时的股票交易，推动了证券市场发展，对战后日本经济的恢复和重建起到了重要的作用。时至今日，日本证券金融公司仍有着特殊的地位，配合融资融券交易对转融通业务进行管理和运营。在融资融券交易发生异常状况时，证券金融公司可通过追加担保物、限制或停止贷放、请求偿还已贷放的资金或股票的方式对证券公司或股票进行管制。

1. 运行机制与制度安排

日本融资融券交易分为证券公司向投资者提供融资融券交易和证券金融公司的转融通业务两个层次。

由于银行不具备进行融资融券交易的法定资格，客户只能通过证券公司申请融资融券。当证券公司向客户融资融券后，如果融资融券交割清算时自有资金或股票不足，可向证券金融公司提交担保物申请转融通，而不能直接从银行、保险公司等机构获得融资融券交易所需的证券或资金。

在运行机制当中，证券金融公司处于垄断地位，证券公司与银行在证券抵押融资上是被分隔开的。可以说，日本证券金融公司充当了中介的角色，形成证券市场与货币市场的一座桥梁。客户不允许直接从证券金融公司融取资金或证券，只能通过证券公司融资融券。这种以证券金融公司为主的集中授信模式，便于政府对融资融券交易总体规模和风险进行控制。

　　制度方面，日本《证券交易法》规定了融资融券交易中符合条件的主体、期限及初始保证金要求。原大藏省依照《证券交易法》对初始保证金比例进行规定，东京证券交易所可在原大藏省规定比例的基础上，依照市场情况进行调整，但需要报经原大藏省核准。1998年日本金融行政革新后，证券金融监管由金融厅执行。金融厅负责监管融资融券交易，在市场风险较大时，金融厅拥有采用各种信用交易监管工具实施管制的权利。

　　图1-4可以简要说明日本的融资融券交易机制。

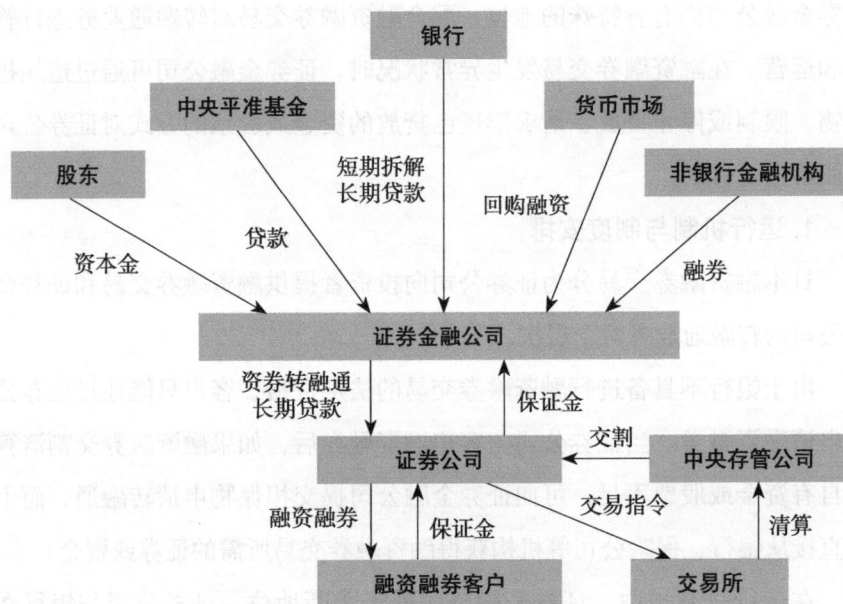

图1-4　日本融资融券交易机制

2. 日本融资融券的主要特点

日本的融资融券主要有以下两个特点，如图1-5所示。

1 　受政府监管较深

日本对融资融券交易的监管有较深的政府监管气氛。金融厅负责对融资融券交易进行管制，必要时可采用各种信用交易监管工具对其进行监管。而证券交易所则根据日本《证券交易法》制定相关具体交易规则来规范融资融券活动

2 　专业化集中授信

日本融资融券交易模式的最大特点是通过专业化证券金融公司进行集中授信。日本成立证券金融公司，作为融资融券交易中证券和资金的中转枢纽，专门负责融资融券的转融通业务，不仅有效解决了证券公司在融资融券业务中自有资金或证券不足的问题，而且有助于政府通过控制证券金融公司，对融资融券交易总体规模进行监控，从而达到控制风险的目的

图 1-5　日本融资融券的特点

（三）美日两种模式的对比

美国、日本的融资融券业务模式区别对详见表 1-3。

表 1-3　美国、日本融资融券业务模式的对比

对比项目	美国	日本
业务模式	分散信用模式	集中授信模式
主要融资来源	①自有资金 ②抵押贷款 ③债券回购 ④客户保证金金额	①自有资金 ②抵押贷款 ③债券回购 ④证券金融公司转融资
主要融券来源	①融资业务取得的抵押券 ②自有证券 ③金融机构（其他证券公司、养老金、保险公司）借入证券 ④客户证券余额	①融资业务取得的抵押券 ②自有证券 ③从证券金融公司借入证券

四、融资融券的作用

融资融券交易，通常又被称为证券信用交易或保证金交易，是指投资者向具有融资融券业务资格的证券公司提供担保物，借入资金买入证券（融资交易）或借入证券并卖出（融券交易）的行为。从世界范围来看，融资融券制度是一项基本的信用交易制度。融资融券的推出，无论对于投资者、证券公司，还是证券市场，都产生了深远影响。

（一）为投资者带来新的盈利模式

融资融券推出后，为投资者带来新的盈利模式。在市场持续走强的时候，投资者可以融入资金购买股票，从而放大获利倍数；在市场持续走弱的时候，投资者可以融入股票卖出再于低位补回。融资融券这种双向机制的引入可以使投资者在任何时候都有盈利的机会，具体表现如图1-6所示。

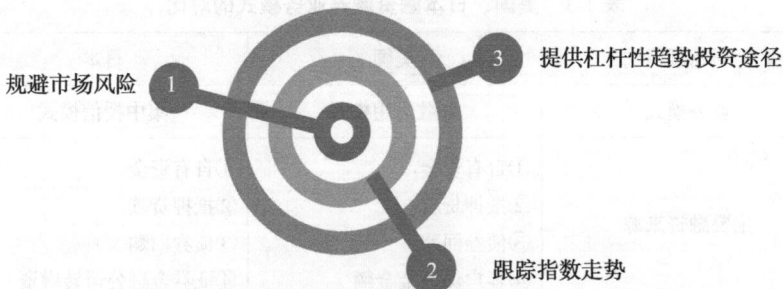

规避市场风险　①
③　提供杠杆性趋势投资途径
②　跟踪指数走势

图1-6　融资融券为投资者带来盈利机会的表现

1. 规避市场风险

对于长线投资者而言，融券交易提供了规避市场风险的途径。如果预期市场即将下跌，投资者可以通过融券卖空ETF（交易所交易基金）以对冲所持股票组合的市场波动，达到套期保值的效果。套期保值策略的应用范围十分广泛，投资者还可以在套期保值策略基础上构造更为复杂的投资策略，例如多空策略、市场中性策略等。

2. 跟踪指数走势

融资融券是实现"指数化投资"的载体，能够精确跟踪标的指数的走势。信用交易中产生的融资余额（每天融资买进股票额与偿还融资额间的差额）和融券余额（每天融券卖出股票额与偿还融券间的差额）提供了一个测度投机程度及方向的重要指标，即融资余额大，股市将上涨；融券余额大，股票将下跌。融资融券额越大，这种变动趋势的可信度越大。因此，在融资融券正式推出以后，公开的融资融券的市场统计数据可以为投资者的投资分析提供新的信息。

3. 提供杠杆性趋势投资途径

风险偏好较高的投资者可以利用融资融券从事杠杆性趋势投资。融资融券具有财务杠杆效应，使投资者可以获得超过自有资金一定额度的资金或股票从事交易，人为地扩大投资者的交易能力，从而可以提高投资者的资金利用率。投资者向证券公司融资买进证券被称为"买空"。当投资者预测证券价格将要上涨，可以通过提供一定比例担保金就可以向证券公司借入资金买入证券，投资者到期偿还本息和一定手续费。当证券价格符合预期上涨并超过所需付的利息和手续费，投资者可能获得比普通交易高得多的额外收益。

例如，可以利用 ETF 融资进行正向杠杆交易，也可以利用 ETF 融券进行卖空交易。投资者如果看空市场，可以现金或债券等作为担保物，融券卖出 ETF 以获取卖空收益。我国 A 股市场波动幅度较大，如果趋势投资策略运用得当，盈利效果会比较明显。

（二）放大收益与亏损

"融资"和"融券"都只是一种投资交易方式，本身无所谓好坏，关键是方向的选择。如果方向选择错了，亏损就会加倍放大，如果方向正确，收益也会加倍。也就是说，融资融券是一种放大了投资收益与亏损的交易方式。

例如，当融资保证金比例为50%时，客户用100万元的保证金最多可以向证券公司融资200万元买入证券，该笔融资交易的杠杆率为2倍。而当融资保证金比例提高至100%时，客户用100万元的保证金最多只能向证券公司融资100万元买入证券，此时融资交易的杠杆率为1倍。

2015年11月23日起实施的最新融资融券交易细则，将投资者融资买入证券时的融资保证金最低比例由50%提高到了100%。

融资保证金比例和融券保证金比例的计算公式如下。

> 融资保证金比例 ＝ 保证金 /（融资买入证券数量 × 买入价格）×100%
> 融券保证金比例 ＝ 保证金 /（融券卖出证券数量 × 卖出价格）×100%

（三）有助于证券价格的内在发现

由于各种证券的供给有确定的数量，其本身没有替代品，如果证券市场仅限于现货交易，那么证券市场将呈现单方向运行，在供求失衡时，股价必然会涨跌不定或暴涨暴跌。但是信用交易和现货交易互相配合之后，可以增加股票供求的弹性，当股价过度上涨时，"卖空者"预期股价会下跌，便提前融券卖出，增加了股票的供应，现货持有者也不致继续抬价或趁高出手，从而使行情不致过热；当股价真的下跌之后，"卖空者"需要补进，增加了购买需求，从而又将股价拉了回来。

以融券交易为例，当市场上某些股票价格因为投资者过度追捧或是恶意炒作而变得虚高时，敏感的投机者会及时地察觉这种现象，通过借入股票来卖空，从而增加股票供给量，缓解市场对这些股票供不应求的紧张局面，抑制股票价格泡沫的继续生成和膨胀。

而当这些价格被高估股票因泡沫破灭而使价格下跌时，先前卖空这些股票的投资者为了锁定已有的利润，择机重新买入这些股票以归还融券债务，这样就又增加了市场对这些股票的需求，在某种程度上起到"托市"的作用，从而达到稳定证券市场的效果。

（四）可增强证券市场流动性

融资融券可增强证券市场流动性，有利于证券市场的交投活跃。在流动性好的市场上，投资者能够以较低的交易成本、按照合理的价格水平很快地买进或卖出大量某种需要的金融资产。

由于融资融券业务采用保证金交易的形式，投资者只需交纳融资融券标的证券价值一定比例的现金即可以交易，投资者已经持有的证券也可充抵保证金，这就在扩大市场规模的同时大大降低了投资者的交易成本，即增加了证券市场的总供给和总需求，扩大证券交易的深度，使投资者在现行股价附近就可以完成证券交易，客观上有利于提高市场的流动性。

特别是融券业务增加了市场上股票的供应量，降低了投资者由于市场供应不足而不得不以较高价格购入股票的风险，同时融券者的对冲行为又增加了市场的需求量，使得投资者能在固定的价位卖出大量的股票。

因此，融资融券业务创造了对允许融资融券标的股票的供给和需求，使得投资者的潜在需求得以满足、潜在供给得以"消化"，提高了整个证券市场的换手率，增加了整个市场中的交易量和交易额。

（五）有利于提高证券公司融资渠道的有效性

从境外的融资融券制度看，证券公司的债务融资主要来自银行、证券金融公司和货币市场。尤其在日本、韩国，证券金融公司担当起证券公司一个重要的融资渠道，包括证券公司业务发展所需的流动资金融资。

我国证券公司目前有效的融资渠道还比较有限，回购市场融资规模比较小，也不能满足证券公司的融资需求，而股票质押贷款、短期融资券、发行债券等融资方式都很难开展起来，使得股权融资仍然是证券公司主要考虑的融资方式。这种融资结构对于金融企业来说显得并不合理。融资融券推出以后，特别是证券金融公司成立以后，可以为证券公司提供一种新的合规融资渠道，有利于改善我国证券公司的资产负债结构。

第二章

融资融券的相关术语及开户流程

融资融券业务是我国证券市场一项重要的里程碑式的业务，单单就涉及的名词术语来说，融资融券便比普通的证券交易多了很多，因此投资者在参与融资融券之前应弄懂相关名词，为交易做好充分的理论知识储备。本章将详细讲解融资融券业务的相关术语和开户流程，让读者能够快速、系统地掌握融资融券业务相关知识。

一、融资融券名词解析

很多投资者对股票交易中涉及的专业词汇烂熟于心，但翻开融资融券业务介绍时却常常被一堆名词、术语搞得不知所措。下面就介绍一些融资融券业务中经常出现的名词及其具体含义，让投资者更明白地读懂融资融券。

（一）标的证券

标的证券是投资者融入资金可买入的证券和证券公司可对投资者融出的证券。证券交易所规定融资融券标的证券限于其认可的上市股票、证券投资基金、债券及其他证券。

担保品证券是剔除一些垃圾股票和风险特大的品种外，所有其他合乎规定的在证交所交易的证券，其范围比标的证券要大。

作为标的证券的股票应当符合以下条件。

- 在证券交易所上市交易满 3 个月
- 融资买入标的股票的流通股本不少于 1 亿股或流通市值不低于 5 亿元，融券卖出标的股票的流通股本不少于 2 亿股或流通市值不低于 8 亿元
- 股票发行公司的股东人数不少于 4000 人
- 近 3 个月内日均换手率不低于基准指数日均换手率的 20%，日均涨跌幅的平均值与基准指数涨跌幅的平均值的偏离值不超过 4 个百分点；且波动幅度不超过基准指数波动幅度的 500% 以上
- 股票发行公司已完成股权分置改革
- 股票交易未被证券交易所实行特别处理
- 证券交易所规定的其他条件

最新的上海证券交易所融资融券标的股详见表 2-1。

表 2-1 上海证券交易所融资融券标的股（截至 2016 年 4 月）

证券代码	证券简称	证券代码	证券简称	证券代码	证券简称
600000	浦发银行	600373	中文传媒	600757	长江传媒
600005	武钢股份	600376	首开股份	600759	洲际油气
600006	东风汽车	600377	宁沪高速	600761	安徽合力
600007	中国国贸	600380	健康元	600765	中航重机
600008	首创股份	600382	广东明珠	600770	综艺股份
600009	上海机场	600383	金地集团	600771	广誉远
600010	包钢股份	600386	北巴传媒	600773	西藏城投
600011	华能国际	600387	海越股份	600775	南京熊猫
600015	华夏银行	600388	龙净环保	600776	东方通信
600016	民生银行	600389	江山股份	600777	新潮实业
600017	日照港	600390	金瑞科技	600783	鲁信创投
600018	上港集团	600391	成发科技	600787	中储股份
600019	宝钢股份	600392	盛和资源	600789	鲁抗医药
600021	上海电力	600395	盘江股份	600790	轻纺城
600022	山东钢铁	600406	国电南瑞	600795	国电电力
600023	浙能电力	600409	三友化工	600797	浙大网新
600026	中海发展	600410	华胜天成	600800	天津磁卡
600027	华电国际	600415	小商品城	600801	华新水泥
600028	中国石化	600416	湘电股份	600802	福建水泥
600029	南方航空	600418	江淮汽车	600804	鹏博士
600030	中信证券	600422	昆药集团	600805	悦达投资
600031	三一重工	600425	青松建化	600807	天业股份
600036	招商银行	600426	华鲁恒升	600808	马钢股份
600037	歌华有线	600432	吉恩镍业	600809	山西汾酒
600038	中直股份	600433	冠豪高新	600811	东方集团

（续表）

证券代码	证券简称	证券代码	证券简称	证券代码	证券简称
600039	四川路桥	600435	北方导航	600815	厦工股份
600048	保利地产	600436	片仔癀	600816	安信信托
600050	中国联通	600446	金证股份	600820	隧道股份
600056	中国医药	600449	宁夏建材	600823	世茂股份
600058	五矿发展	600456	宝钛股份	600825	新华传媒
600059	古越龙山	600458	时代新材	600826	兰生股份
600060	海信电器	600459	贵研铂业	600827	百联股份
600062	华润双鹤	600460	士兰微	600830	香溢融通
600063	皖维高新	600467	好当家	600831	广电网络
600066	宇通客车	600470	六国化工	600835	上海机电
600067	冠城大通	600478	科力远	600837	海通证券
600068	葛洲坝	600481	双良节能	600838	上海九百
600073	上海梅林	600482	风帆股份	600839	四川长虹
600077	宋都股份	600483	福能股份	600844	丹化科技
600078	澄星股份	600486	扬农化工	600846	同济科技
600079	人福医药	600489	中金黄金	600851	海欣股份
600085	同仁堂	600490	鹏欣资源	600855	航天长峰
600086	东方金钰	600491	龙元建设	600859	王府井
600088	中视传媒	600495	晋西车轴	600863	内蒙华电
600089	特变电工	600497	驰宏锌锗	600867	通化东宝
600094	大名城	600498	烽火通信	600868	梅雁吉祥
600096	云天化	600499	科达洁能	600872	中炬高新
600098	广州发展	600500	中化国际	600873	梅花生物
600100	同方股份	600502	安徽水利	600874	创业环保
600104	上汽集团	600503	华丽家族	600875	东方电气
600107	美尔雅	600509	天富能源	600877	中国嘉陵
600108	亚盛集团	600515	海航基础	600879	航天电子

（续表）

证券代码	证券简称	证券代码	证券简称	证券代码	证券简称
600109	国金证券	600516	方大炭素	600880	博瑞传播
600110	诺德股份	600517	置信电气	600881	亚泰集团
600111	北方稀土	600518	康美药业	600884	杉杉股份
600112	天成控股	600519	贵州茅台	600886	国投电力
600113	浙江东日	600521	华海药业	600887	伊利股份
600115	东方航空	600522	中天科技	600893	中航动力
600116	三峡水利	600523	贵航股份	600894	广日股份
600118	中国卫星	600525	长园集团	600895	张江高科
600119	长江投资	600526	菲达环保	600900	长江电力
600120	浙江东方	600528	中铁二局	600967	北方创业
600123	兰花科创	600535	天士力	600970	中材国际
600125	铁龙物流	600536	中国软件	600971	恒源煤电
600132	重庆啤酒	600537	亿晶光电	600976	健民集团
600135	乐凯胶片	600543	莫高股份	600978	宜华木业
600138	中青旅	600545	新疆城建	600987	航民股份
600139	西部资源	600546	山煤国际	600993	马应龙
600141	兴发集团	600547	山东黄金	600998	九州通
600143	金发科技	600549	厦门钨业	600999	招商证券
600146	商赢环球	600551	时代出版	601000	唐山港
600149	廊坊发展	600557	康缘药业	601001	大同煤业
600150	中国船舶	600559	老白干酒	601002	晋亿实业
600151	航天机电	600563	法拉电子	601005	重庆钢铁
600153	建发股份	600566	济川药业	601006	大秦铁路
600155	宝硕股份	600568	中珠控股	601009	南京银行
600157	永泰能源	600570	恒生电子	601012	隆基股份
600158	中体产业	600572	康恩贝	601018	宁波港
600160	巨化股份	600575	皖江物流	601038	一拖股份

（续表）

证券代码	证券简称	证券代码	证券简称	证券代码	证券简称
600161	天坛生物	600578	京能电力	601088	中国神华
600166	福田汽车	600580	卧龙电气	601098	中南传媒
600169	太原重工	600582	天地科技	601099	太平洋
600170	上海建工	600583	海油工程	601101	昊华能源
600171	上海贝岭	600584	长电科技	601106	中国一重
600175	美都能源	600585	海螺水泥	601111	中国国航
600176	中国巨石	600587	新华医疗	601117	中国化学
600177	雅戈尔	600588	用友网络	601118	海南橡胶
600183	生益科技	600592	龙溪股份	601139	深圳燃气
600185	格力地产	600594	益佰制药	601158	重庆水务
600186	莲花健康	600595	中孚实业	601166	兴业银行
600187	国中水务	600596	新安股份	601168	西部矿业
600188	兖州煤业	600597	光明乳业	601169	北京银行
600193	创兴资源	600600	青岛啤酒	601179	中国西电
600196	复星医药	600601	方正科技	601186	中国铁建
600197	伊力特	600604	市北高新	601216	君正集团
600198	大唐电信	600606	绿地控股	601218	吉鑫科技
600199	金种子酒	600609	金杯汽车	601225	陕西煤业
600200	江苏吴中	600611	大众交通	601231	环旭电子
600201	生物股份	600614	鼎立股份	601238	广汽集团
600206	有研新材	600616	金枫酒业	601258	庞大集团
600208	新湖中宝	600620	天宸股份	601288	农业银行
600209	罗顿发展	600624	复旦复华	601311	骆驼股份
600210	紫江企业	600626	申达股份	601318	中国平安
600216	浙江医药	600633	浙报传媒	601328	交通银行
600218	全柴动力	600635	大众公用	601333	广深铁路
600219	南山铝业	600636	三爱富	601336	新华保险

（续表）

证券代码	证券简称	证券代码	证券简称	证券代码	证券简称
600220	江苏阳光	600637	东方明珠	601369	陕鼓动力
600221	海南航空	600639	浦东金桥	601377	兴业证券
600222	太龙药业	600640	号百控股	601388	怡球资源
600223	鲁商置业	600642	申能股份	601390	中国中铁
600225	天津松江	600643	爱建集团	601398	工商银行
600229	城市传媒	600645	中源协和	601519	大智慧
600237	铜峰电子	600648	外高桥	601555	东吴证券
600239	云南城投	600649	城投控股	601600	中国铝业
600240	华业资本	600651	飞乐音响	601601	中国太保
600251	冠农股份	600652	游久游戏	601607	上海医药
600252	中恒集团	600653	申华控股	601608	中信重工
600256	广汇能源	600654	中安消	601618	中国中冶
600257	大湖股份	600655	豫园商城	601628	中国人寿
600259	广晟有色	600660	福耀玻璃	601633	长城汽车
600260	凯乐科技	600661	新南洋	601666	平煤股份
600261	阳光照明	600662	强生控股	601668	中国建筑
600266	北京城建	600663	陆家嘴	601669	中国电建
600267	海正药业	600664	哈药股份	601678	滨化股份
600270	外运发展	600667	太极实业	601688	华泰证券
600271	航天信息	600668	尖峰集团	601699	潞安环能
600276	恒瑞医药	600673	东阳光科	601717	郑煤机
600277	亿利洁能	600674	川投能源	601718	际华集团
600285	羚锐制药	600677	航天通信	601727	上海电气
600288	大恒科技	600680	上海普天	601766	中国中车
600289	亿阳信通	600684	珠江实业	601777	力帆股份
600292	中电远达	600688	上海石化	601788	光大证券
600293	三峡新材	600690	青岛海尔	601789	宁波建工

（续表）

证券代码	证券简称	证券代码	证券简称	证券代码	证券简称
600298	安琪酵母	600692	亚通股份	601800	中国交建
600300	维维股份	600694	大商股份	601801	皖新传媒
600307	酒钢宏兴	600696	匹凸匹	601808	中海油服
600309	万华化学	600699	均胜电子	601818	光大银行
600312	平高电气	600702	沱牌舍得	601857	中国石油
600315	上海家化	600703	三安光电	601866	中海集运
600316	洪都航空	600704	物产中大	601872	招商轮船
600318	新力金融	600705	中航资本	601877	正泰电器
600320	振华重工	600707	彩虹股份	601880	大连港
600321	国栋建设	600711	盛屯矿业	601886	江河集团
600323	瀚蓝环境	600716	凤凰股份	601888	中国国旅
600325	华发股份	600717	天津港	601898	中煤能源
600329	中新药业	600718	东软集团	601899	紫金矿业
600330	天通股份	600720	祁连山	601901	方正证券
600331	宏达股份	600728	佳都科技	601918	国投新集
600332	白云山	600729	重庆百货	601919	中国远洋
600333	长春燃气	600730	中国高科	601928	凤凰传媒
600335	国机汽车	600737	中粮屯河	601929	吉视传媒
600336	澳柯玛	600739	辽宁成大	601933	永辉超市
600340	华夏幸福	600740	山西焦化	601939	建设银行
600343	航天动力	600741	华域汽车	601958	金钼股份
600348	阳泉煤业	600742	一汽富维	601988	中国银行
600350	山东高速	600743	华远地产	601989	中国重工
600352	浙江龙盛	600744	华银电力	601991	大唐发电
600354	敦煌种业	600747	大连控股	601992	金隅股份
600362	江西铜业	600748	上实发展	601996	丰林集团
600363	联创光电	600750	江中药业	601998	中信银行

（续表）

证券代码	证券简称	证券代码	证券简称	证券代码	证券简称
600366	宁波韵升	600751	天海投资	601999	出版传媒
600369	西南证券	600755	厦门国贸	603000	人民网
600372	中航电子	600756	浪潮软件	603993	洛阳钼业

最新的深圳证券交易所融资融券标的股详见表2-2。

表2-2 深证证券交易所融资融券标的股（截至2016年4月）

证券代码	证券简称	证券代码	证券简称	证券代码	证券简称
000001	平安银行	000883	湖北能源	002312	三泰控股
000002	万 科A	000887	中鼎股份	002313	日海通讯
000006	深振业A	000895	双汇发展	002317	众生药业
000009	中国宝安	000897	津滨发展	002318	久立特材
000012	南 玻A	000898	鞍钢股份	002325	洪涛股份
000027	深圳能源	000901	航天科技	002340	格林美
000028	国药一致	000905	厦门港务	002344	海宁皮城
000031	中粮地产	000915	山大华特	002353	杰瑞股份
000039	中集集团	000917	电广传媒	002355	兴民钢圈
000043	中航地产	000921	海信科龙	002368	太极股份
000046	泛海控股	000926	福星股份	002369	卓翼科技
000049	德赛电池	000930	中粮生化	002371	七星电子
000050	深天马A	000933	神火股份	002375	亚厦股份
000060	中金岭南	000937	冀中能源	002378	章源钨业
000061	农 产 品	000938	紫光股份	002385	大北农
000062	深圳华强	000939	凯迪生态	002393	力生制药
000063	中兴通讯	000960	锡业股份	002396	星网锐捷
000069	华侨城A	000961	中南建设	002399	海普瑞
000078	海王生物	000962	东方钽业	002400	省广股份

（续表）

证券代码	证券简称	证券代码	证券简称	证券代码	证券简称
000088	盐田港	000963	华东医药	002401	中海科技
000089	深圳机场	000969	安泰科技	002405	四维图新
000099	中信海直	000970	中科三环	002407	多氟多
000100	TCL集团	000973	佛塑科技	002408	齐翔腾达
000151	中成股份	000975	银泰资源	002410	广联达
000156	华数传媒	000977	浪潮信息	002414	高德红外
000157	中联重科	000979	中弘股份	002415	海康威视
000333	美的集团	000983	西山煤电	002416	爱施德
000338	潍柴动力	000988	华工科技	002419	天虹商场
000400	许继电气	000989	九芝堂	002423	中原特钢
000401	冀东水泥	000996	中国中期	002424	贵州百灵
000402	金融街	000997	新大陆	002428	云南锗业
000410	沈阳机床	000998	隆平高科	002429	兆驰股份
000413	东旭光电	000999	华润三九	002431	棕榈园林
000415	渤海金控	002001	新和成	002437	誉衡药业
000417	合肥百货	002004	华邦健康	002439	启明星辰
000422	湖北宜化	002005	德豪润达	002440	闰土股份
000423	东阿阿胶	002007	华兰生物	002444	巨星科技
000425	徐工机械	002008	大族激光	002450	康得新
000426	兴业矿业	002011	盾安环境	002456	欧菲光
000501	鄂武商A	002016	世荣兆业	002460	赣锋锂业
000503	海虹控股	002022	科华生物	002461	珠江啤酒
000506	中润资源	002023	海特高新	002465	海格通信
000511	烯碳新材	002024	苏宁云商	002467	二六三
000513	丽珠集团	002025	航天电器	002470	金正大
000516	国际医学	002028	思源电气	002474	榕基软件
000525	红太阳	002029	七匹狼	002475	立讯精密

（续表）

证券代码	证券简称	证券代码	证券简称	证券代码	证券简称
000528	柳 工	002030	达安基因	002476	宝莫股份
000536	华映科技	002038	双鹭药业	002482	广田股份
000537	广宇发展	002041	登海种业	002490	山东墨龙
000538	云南白药	002048	宁波华翔	002493	荣盛石化
000539	粤电力A	002049	同方国芯	002500	山西证券
000540	中天城投	002050	三花股份	002501	利源精制
000541	佛山照明	002051	中工国际	002508	老板电器
000543	皖能电力	002055	得润电子	002518	科士达
000550	江铃汽车	002056	横店东磁	002524	光正集团
000551	创元科技	002063	远光软件	002556	辉隆股份
000552	靖远煤电	002064	华峰氨纶	002570	贝因美
000554	泰山石油	002065	东华软件	002571	德力股份
000559	万向钱潮	002067	景兴纸业	002573	清新环境
000563	陕国投A	002069	獐 子 岛	002574	明牌珠宝
000566	海南海药	002070	众和股份	002577	雷柏科技
000568	泸州老窖	002073	软控股份	002579	中京电子
000572	海马汽车	002078	太阳纸业	002594	比亚迪
000581	威孚高科	002079	苏州固锝	002603	以岭药业
000592	平潭发展	002081	金 螳 螂	002642	荣之联
000596	古井贡酒	002091	江苏国泰	002646	青青稞酒
000598	兴蓉环境	002092	中泰化学	002648	卫星石化
000607	华媒控股	002093	国脉科技	002653	海思科
000616	海航投资	002095	生 意 宝	002673	西部证券
000623	吉林敖东	002104	恒宝股份	002681	奋达科技
000625	长安汽车	002106	莱宝高科	002701	奥瑞金
000629	攀钢钒钛	002108	沧州明珠	159901	深100ETF
000630	铜陵有色	002117	东港股份	159902	中 小 板

（续表）

证券代码	证券简称	证券代码	证券简称	证券代码	证券简称
000631	顺发恒业	002118	紫鑫药业	159903	深成 ETF
000650	仁和药业	002128	露天煤业	159919	300ETF
000651	格力电器	002129	中环股份	159925	南方 300
000655	金岭矿业	002130	沃尔核材	159933	金地 ETF
000661	长春高新	002138	顺络电子	300001	特锐德
000667	美好集团	002140	东华科技	300002	神州泰岳
000671	阳 光 城	002142	宁波银行	300003	乐普医疗
000680	山推股份	002146	荣盛发展	300005	探路者
000685	中山公用	002148	北纬通信	300010	立思辰
000686	东北证券	002151	北斗星通	300014	亿纬锂能
000690	宝新能源	002152	广电运通	300015	爱尔眼科
000693	华泽钴镍	002153	石基信息	300017	网宿科技
000697	炼石有色	002154	报 喜 鸟	300020	银江股份
000709	河钢股份	002158	汉钟精机	300024	机器人
000712	锦龙股份	002161	远 望 谷	300026	红日药业
000718	苏宁环球	002176	江特电机	300027	华谊兄弟
000725	京东方 A	002179	中航光电	300034	钢研高纳
000728	国元证券	002181	粤 传 媒	300039	上海凯宝
000729	燕京啤酒	002183	怡亚通	300052	中青宝
000731	四川美丰	002185	华天科技	300053	欧比特
000732	泰禾集团	002190	成飞集成	300055	万邦达
000738	中航动控	002191	劲嘉股份	300058	蓝色光标
000739	普洛药业	002202	金风科技	300059	东方财富
000748	长城信息	002203	海亮股份	300065	海兰信
000750	国海证券	002204	大连重工	300070	碧水源
000758	中色股份	002219	恒康医疗	300072	三聚环保
000761	本钢板材	002221	东华能源	300074	华平股份

（续表）

证券代码	证券简称	证券代码	证券简称	证券代码	证券简称
000762	西藏矿业	002223	鱼跃医疗	300077	国民技术
000768	中航飞机	002229	鸿博股份	300079	数码视讯
000776	广发证券	002230	科大讯飞	300088	长信科技
000777	中核科技	002233	塔牌集团	300090	盛运环保
000778	新兴铸管	002236	大华股份	300093	金刚玻璃
000780	平庄能源	002237	恒邦股份	300104	乐视网
000783	长江证券	002241	歌尔声学	300115	长盈精密
000786	北新建材	002242	九阳股份	300122	智飞生物
000788	北大医药	002244	滨江集团	300124	汇川技术
000789	万年青	002250	联化科技	300128	锦富新材
000790	华神集团	002251	步步高	300133	华策影视
000792	盐湖股份	002252	上海莱士	300134	大富科技
000793	华闻传媒	002261	拓维信息	300146	汤臣倍健
000800	一汽轿车	002262	恩华药业	300147	香雪制药
000801	四川九洲	002266	浙富控股	300152	科融环境
000807	云铝股份	002267	陕天然气	300157	恒泰艾普
000811	烟台冰轮	002268	卫士通	300168	万达信息
000812	陕西金叶	002269	美邦服饰	300170	汉得信息
000816	智慧农业	002273	水晶光电	300191	潜能恒信
000823	超声电子	002275	桂林三金	300199	翰宇药业
000825	太钢不锈	002276	万马股份	300202	聚龙股份
000826	启迪桑德	002277	友阿股份	300203	聚光科技
000829	天音控股	002281	光迅科技	300205	天喻信息
000830	鲁西化工	002285	世联行	300212	易华录
000839	中信国安	002287	奇正藏药	300216	千山药机
000848	承德露露	002292	奥飞娱乐	300226	上海钢联
000851	高鸿股份	002293	罗莱生活	300228	富瑞特装

（续表）

证券代码	证券简称	证券代码	证券简称	证券代码	证券简称
000858	五粮液	002294	信立泰	300251	光线传媒
000860	顺鑫农业	002299	圣农发展	300253	卫宁健康
000868	安凯客车	002304	洋河股份	300257	开山股份
000869	张 裕A	002307	北新路桥	300273	和佳股份
000876	新希望	002308	威创股份	300274	阳光电源
000877	天山股份	002310	东方园林	300315	掌趣科技
000878	云南铜业	002311	海大集团	300355	蒙草抗旱

最新的可以进行融资融券交易的 ETF 名单详见表 2-3。

表 2-3　可进行融资融券交易的 ETF（截至 2016 年 4 月）

证券代码	证券简称	证券代码	证券简称	证券代码	证券简称
510500	500ETF	512500	中证 500	510880	红利 ETF
510180	180ETF	159933	金地 ETF	159901	深 100ETF
510230	金融 ETF	510310	HS300ETF	518880	黄金 ETF
159902	中小板	159925	南方 300	510900	H 股 ETF
511010	国债 ETF	159903	深成 ETF	510050	50ETF
510010	治理 ETF	159919	300ETF	510300	300ETF
512990	MSCI A 股	510330	华夏 300	512070	非银 ETF
510510	广发 500				

（二）与"账户"有关的名词解析

融资融券中与"账户"有关的名词详见表 2-4。

表 2-4　与"账户"相关的名词释义

名词	释义
融资专用资金账户	指证券公司经营融资融券业务，以自己的名义在商业银行开立的用于存放证券公司拟向客户融出的资金及客户归还的资金的账户
融券专用证券账户	指证券公司经营融资融券业务，以自己的名义在证券登记结算机构开立的用于记录证券公司持有的拟向客户融出的证券和客户归还的证券的账户。该账户不得用于证券买卖
客户信用交易担保资金账户	指证券公司经营融资融券业务，以自己的名义在商业银行开立的用于存放客户交存的、担保证券公司因向客户融资融券所生债权的资金的账户
客户信用资金账户	指证券公司在与客户签订融资融券合同后，通知商业银行根据客户的申请，为客户开立的实名信用资金账户，是证券公司客户信用交易担保资金账户的二级账户，用于记载客户交存的担保资金的明细数据。每个客户只能开立一个信用资金账户
客户信用交易担保证券账户	指证券公司经营融资融券业务，以自己的名义在证券登记结算机构开立的用于记录客户委托证券公司持有、担保证券公司因向客户融资融券所生债权的证券的账户
客户信用证券账户	指证券公司在与客户签订融资融券合同后，根据客户的申请，按照证券登记结算机构的规定，为其开立的实名证券账户，是证券公司客户信用交易担保证券账户的二级账户，用于记载客户委托证券公司持有的担保证券的明细数据。客户用于一家证券交易所上市证券交易的信用证券账户只能有一个。客户信用证券账户与其普通证券账户的开户人的姓名或者名称应当一致
信用交易资金交收账户	指证券公司经营融资融券业务，以自己的名义在证券登记结算机构开立的用于客户融资融券交易的资金结算的账户

（三）与"保证金""担保"有关的名词解释

融资融券中与"保证金""担保"有关的名词解释详见表 2-5。

表 2-5　融资融券中与"保证金""担保"相关的名词释义

名词	释义
保证金	指为了控制信用风险，客户向证券公司融入资金或证券时，证券公司向客户收取的一定比例的资金或可充抵保证金的证券。保证金可以是现金，也可以是经证券公司认可的可充抵保证金的证券。目前，现金、上市债券、封闭式基金、LOF 基金和大部分股票均可以作为保证金；*ST 股票、部分亏损股票等暂时不能作为保证金
融资保证金比例	指投资者融资买入证券时交付的保证金于融资交易金额的比例。计算公式为：融资保证金比例＝保证金／（融资买入证券数量 × 买入价格）× 100%
融券保证金比例	指投资者融券卖出时交付的保证金与融券交易金额的比例。计算公式为：融券保证金比例＝保证金／（融券卖出证券数量 × 卖出价格）× 100%
担保物	指证券公司将收取的保证金以及客户融资买入的全部证券和融券卖出所得全部价款，分别存放在客户信用交易担保证券账户和客户信用交易担保资金账户，作为对该客户融资融券所生债权的担保物
平仓线、警戒线	平仓线是指维持担保比例的最低标准，约定为 130%；警戒线是指维持担保比例的安全界限，约定为 150%。证券公司可以对平仓线、警戒线的标准进行调整；维持担保比例达到或低于平仓线时，客户需要追加保证金或偿还部分融资或融券债务
可提取保证金的维持担保比例	当维持担保比例超过 300% 时，客户可提取现金、划转证券。提取现金、划转证券后维持担保比例不得低于 300%。提取现金是指将现金从信用资金账户转入银行结算账户（银行卡）；划转证券是指将证券从信用证券账户划转到普通证券账户
授信额度	指投资者提出融资融券额度申请后，证券公司评估投资者信用账户中的担保物价值，计算保证金可用余额，在满足保证金比例的前提下，授予投资者可融资或融券的最大额度。授信额度必须低于证券公司对单个投资者的融资融券规模上限

　　除了以上介绍的相关名词之外，融资融券中涉及"保证金""担保"的名词还有保证金比例、保证金可用余额、维持担保比例、可提取保证金的维持担保比例、可充抵保证金证券的折算率，下面将对这些名词进行详

细介绍。

1. 保证金比例

保证金比例是指客户交付的保证金与融资融券交易金额（可融金额）的比例，即保证金比例＝保证金/可融金额×100%，保证金比例具体分为融资保证金比例和融券保证金比例。

上海证券交易所和深圳证券交易所于2015年12月13日分别就融资融券交易实施细则（2015年修订）进行修改，两交易所均规定，投资者融资买入证券时，融资保证金比例不得低于100%；修改实施前未了结的融资合约及其展期，仍按照原相关规定执行。修改均自2015年11月23日起实施。证券公司在不超过上述规定基础上，可自行确定相关的融资保证金比例和融券保证金比例。

通常，根据保证金比例计算可融金额，公式如下。

$$可融金额＝保证金/保证金比例$$

"可融金额"不超过客户获得的"授信额度上限"，"授信额度上限"由证券公司根据客户账户内的资产价值和客户信用评级审批授予。

下面，以融资保证金比例，说明可融资金额的计算方式（"可融券金额"与"可融资金额"的计算方式相同）。

例如，某客户信用账户中有100万元保证金可用余额，拟融资买入保证金比例为100%的证券B，则理论上证券B的可融资金额＝100万元÷100%＝100万元。

2. 保证金可用余额

通俗地讲，保证金可用余额就是账户内"还有多少保证金可以使用"，即客户用于充抵保证金的现金、经折算后的证券市值及融资融券交易产生的浮动盈亏经折算后形成的保证金总额，减去客户未了结融资融券交易已用保证金及相关利息、费用的余额。其中，融资融券交易产生的浮盈经折算后计入保证金，浮亏部分全额抵减保证金。

计算公式如下。

> 保证金可用余额＝现金＋$\sum$（充抵保证金的证券市值 × 折算率）＋$\sum$［（融资买入证券市值 − 融资买入金额）× 折算率］＋$\sum$［（融券卖出金额 − 融券卖出证券市值）× 折算率］−$\sum$融券卖出金额 −$\sum$融资买入证券金额 × 融资保证金比例 −$\sum$融券卖出证券市值 × 融券保证金比例 − 利息及费用

其中，折算率是指融资买入、融券卖出证券对应的折算率，当融资买入证券市值低于融资买入金额或融券卖出证券市值高于融券卖出金额时，折算率按 100% 计算。

下面用实例说明不同情况下，保证金可用余额的计算方式（利息、费用忽略不计）。

例如，客户以自有现金 100 万元作为保证金，准备进行融资买入股票 A，股票 A 的折算率为 70%，融资保证金比例为 100%，不同情况下，账户内"保证金可用余额"的变化如下。

（1）没有融资交易前，保证金可用余额 =100 万元；

（2）融资买入股票 A，数量 1 万股，价格 20 元，保证金可用余额 =100 万元 −1 万股 × 20 元 × 100%=80 万元；

（3）如股票 A 价格由 20 元上涨至 25 元，产生浮盈，保证金可用余额 =100 万元 −1 万股 × 20 元 × 100%+1 万股 ×（25 元 −20 元）× 70%=83.5 万元，保证金可用余额增加值 =83.5 万元 −80 万元 =3.5 万元；

（4）如股票 A 价格由 20 元下跌至 15 元，产生浮亏，保证金可用余额 =100 万元 −1 万股 × 20 元 × 100%−1 万股 ×（20 元 −15 元）× 100%=75 万元，保证金可用余额减少值 =80 万元 −75 万元 =5 万元。

可见，当融资买入的股票出现上涨时，保证金可用余额会增加；当融资买入的股票出现下跌时，保证金可用余额会减少。

同样，当融券卖出的股票出现上涨时，保证金可用余额会减少；当融券卖出的股票出现下跌时，保证金可用余额会增加，具体计算方式如下。

例如，客户以自有现金 100 万元作为保证金，准备进行融券卖出股票A，股票 A 的折算率为 70%，融券保证金比例为 100%，不同情况下，账户内"保证金可用余额"的变化如下。

（1）没有融券交易前，保证金可用余额 =100 万元；

（2）融券卖出股票 A，数量 1 万股，价格 20 元，保证金可用余额 =100 万元 –1 万股 × 20 元 × 100%=80 万元；

（3）如股票 A 价格由 20 元上涨至 25 元，产生浮亏，保证金可用余额 =100 万元 –1 万股 × 25 元 × 100%–1 万股 ×（25 元 –20 元）× 100%=70 万元，保证金可用余额减少值 =80 万元 –70 万元 =10 万元；

（4）如股票 A 价格由 20 元下跌至 15 元，产生浮盈，保证金可用余额 =100 万元 –1 万股 × 15 元 × 100%+1 万股 ×（20 元 –15 元）× 70%=88.5 万元，保证金可用余额增加值 =88.5 万元 –80 万元 =8.5 万元。

综合以上实例，相同股票、相同数量的"融资买入"和"融券卖出"，股票价格发生相同变化，保证金可用余额会相应增加或减少。但无论是浮盈或浮亏，"融券卖出"促使保证金可用余额增加或减少值，都会大于"融资买入"促使保证金可用余额增加或减少值。可见，"融券卖出"的股票价格发生变化，对保证金可用余额影响相对较大。

保证金可用余额为零或负时，即使账户内"授信额度上限"仍有可用额度，因为没有保证金可用，仍无法进行继续融资或融券，即可融资或融券金额为零。可以通过交易系统查询保证金可用余额。

3. 维持担保比例

维持担保比例是指客户信用账户内担保物价值与其融资融券债务之间的比例，即信用账户资产与负债之比，计算公式如下。

> 维持担保比例 = (现金 + 信用证券账户内证券市值总和) / (融资买入金额 + 融券卖出市值 + 利息及费用总和) × 100%

其中，融券卖出市值 = 融券卖出数量 × 市价。

例如，客户信用账户内有现金 10 万元，融资买入股票 A，数量 1 万股，价格 10 元；融券卖出股票 B，数量 0.5 万股，价格 20 元（假设融资保证金比例和融券保证金比例符合规定的要求，利息、费用忽略不计）。

则此时，信用账户内现金 = 10 万元 + 0.5 万 × 20 元（融券卖出股票所得资金）= 20 万元

融资买入金额 = 1 万 × 10 元 = 10 万元

维持担保比例 = (20 万 + 1 万 × 10) ÷ (10 万 + 0.5 万 × 20 元) = 150%

（1）维持担保比例降低。

①当股票 A 价格不变，股票 B 上涨到 25 元，维持担保比例 = (20 万 + 1 万 × 10) ÷ (10 万 + 0.5 万 × 25) = 133%；

②当股票 A 下跌到 8 元，股票 B 上涨到 25 元，维持担保比例 = (20 万 + 1 万 × 8) ÷ (10 万 + 0.5 万 × 25) = 124%；

（2）维持担保比例升高。

①当股票 A 上涨到 15 元，股票 B 价格不变，维持担保比例 = (20 万 + 1 万 × 15) ÷ (10 万 + 0.5 万 × 20) = 175%；

②当股票 A 上涨到 15 元，股票 B 下跌到 15 元，维持担保比例为 = (20 万 + 1 万 × 15) ÷ (10 万 + 0.5 万 × 15) = 200%；

③当股票 A、股票 B 价格均不变，用现金偿还 8 万元融资（或买券还券市值 8 万元）后，维持担保比例 =（20 万 –8 万 +1 万 ×10）÷（10 万 + 0.5 万 ×20–8 万）=183%。

可见，融资买入股票和融券卖出股票的价格发生变化，会使维持担保比例出现降低或升高的情况；通过偿还融资或融券债务，可以提高维持担保比例。

4. 可充抵保证金证券的折算率

可充抵保证金证券的折算率是指充抵保证金的证券在计算保证金金额时按其证券市值进行折算的比率（客户以现金作为保证金时，可以全额计入保证金金额）。

可充抵保证金证券的折算率一般由交易所规定，证券公司可以在不高于交易所规定标准的基础上，规定不同的折算率。交易所规定的不同品种的折算率详见表 2-6。

表 2-6　交易所不同品种的折算率

担保物类型	折算率
现金	100%
国债	95%
基金	80%
成份股	70%
非成份股	65%

例如，如果某客户信用账户内有 100 万元现金和 100 万元市值的证券 A，假设证券 A 的折算率为 70%。那么，该客户信用账户内的保证金金额为 170 万元，即，保证金金额 =100 万元现金 ×100%+100 万元市值 ×70%。

（四）融资融券的利息和成本

除了普通交易的佣金、印花税、过户费等交易成本外，融资融券的交易成本还包括融资利息和融券利息等。

1. 融资利息

融资利息是指融资人为了达到融资和融券的目的而缴纳给券商的一定的费用。该费用等于融资资本或者融券资本乘融资融券利率，该利息是一个百分基数。

客户应缴纳的融资利息根据实际使用融资资金、融资利率和实际使用时间计算，该利息按客户融资余额日积数按日计提。融资利息在客户偿还该笔合约对应的融资债务时扣收。

客户融资利息公式如下。

客户融资利息 $= \sum \left[融资余额日积数 \times 融资利率（年利率）\div 360 \right]$

2. 融券利息

融券利息按证券公司与投资者签订的融资融券合同中规定的融券品种利率乘以融券发生当日融券市值、占用天数计算。融券利息在投资者偿还融券时由证券公司一并从投资者信用资金账户中收取或按照合同约定的方式收取。

客户应缴纳的融券费用根据融券金额、融券利率及实际使用时间计算，按客户融券金额日积数按日计提。融券利息在客户全部偿还该笔合约对应的融券证券（含权益证券）时扣收，也可通过卖券还款、直接还款方式偿还。

客户融券利息公式如下。

客户融券利息 = $\sum$〔融券金额日积数 × 融券费率（年费率）÷ 360〕

3.融资融券交易成本

一笔完整的融资融券交易的成本主要包括证券交易费用（佣金、印花税、过户费等）和融资融券的利息和费用。

以下案例为计算简便，做如下假定。

假定买入股票的交易费为 0.15%，卖出股票的交易费用为 0.25%。

假定融资利息为年利率 8.85%，融券费用为年利率 10.85%（时机利率和费率的调整将受到中国人民银行规定的同期金融机构贷款基准利率变化）。

简单平均每天融资利率为：8.85% ÷ 360 = 0.0245%

简单平均每天融券费率为：10.85% ÷ 360 = 0.0301%

如投资者融资买入股票并持仓一个月，其综合成本约为 1.14%（等于买入股票的交易费用 0.15% + 卖出股票交易费用 0.25% + 融资日利率 0.0245% × 30 天，以下同理）；融券抛出股票并持仓一个月以后还券，其综合成本约 1.30%。

只要投资者持有股票一个月内相对买入价涨幅超过 1.14%，且能抓住时机全额买券还款，投资者即可获得额外收益。

只要投资者融券卖出股票在一个月内相对卖出价跌幅能超过 1.30%，且能抓住时机全额买券还券，投资者即可获得额外收益。

二、融资融券的开户流程

融资融券交易是中国证券市场的一项创新业务。随着证监会对其交易门槛的放开，能够参与其中的交易者数量正在逐年上升。融资融券具有杠杆放大、专业性强、高风险高收益的特点，投资者与证券公司之间除了存在证券代理买卖关系外，还存在借贷、信托、担保等较为复杂的法律关系。

开户程序是投资者参与融资融券业务的首要环节，比普通证券交易复杂。投资者应认真了解开户过程的各项步骤，做好相关准备工作。

（一）投资者教育

投资者教育主要是让投资者明确融资融券交易及其相关风险，之后对符合条件的客户将进行心理测试、业务测试和风险访谈 3 项测试，如图 2-1 所示。

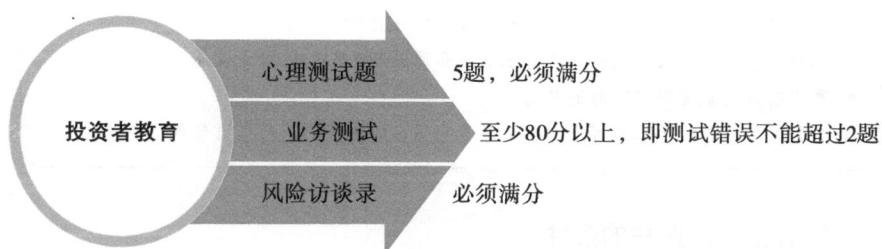

图 2-1　投资者教育内容

心理访谈录会存档以保障双方利益，以上测试必须全部通过，客户才有机会进入下一个流程。

（二）签署风险揭示书

投资者与证券公司签订融资融券合同前，应当认真听取证券公司相关人员讲解业务规则、合同内容，了解融资融券业务规则和风险，并在融资融券合同和风险揭示书上签字确认。

（三）资质审核

融资融券业务对投资者的资产状况、专业水平和投资能力有一定的要求，证券公司出于适当性管理的原则，将对申请参与融资融券业务的投资者进行初步选择。

1. 融资融券申请条件

客户申请开展融资融券业务，应满足以下前提条件。

- 客户在营业部开户时间符合《证券公司融资融券业务试点管理办法》及监管部门要求，开户手续规范齐备
- 客户具有合法的证券投资资格，不存在法律、法规、规章或上海证券交易所和深圳证券交易所禁止或限制进入证券市场的情形
- 未被列入各种信用记录"黑名单"
- 客户普通资金账户的交易结算资金已纳入第三方存管
- 客户具备一定财产实力，具有相当数量的证券资产
- 客户具备一定的投资经验以及与融资融券产品相匹配的风险承受能力
- 客户有进行融资融券交易的意愿
- 自然人客户和机构客户可用作融资融券担保品的资产总值符合监管部门要求

2. 开立信用账户的条件

个人客户和机构客户开立信用账户都需满足相应的基本条件，详见表2-7。

表 2-7　开立信用账户需满足的条件

客户性质	需满足的条件
个人客户	须为年满 18 周岁、具有完全民事行为能力的中国公民，能提供合法有效的身份证明，具有合法的证券投资主体资格，不存在法律、法规、规章、上海证券交易所和深圳证券交易所禁止或限制其投资证券市场的情形
	能够提供公司要求的收入和资产证明

（续表）

客户性质	需满足的条件
个人客户	信用记录良好：当前无逾期贷款，近两年内个人征信记录中未发现欠款超过 30 天的不良记录；个人信用记录中贷记卡连续未还最低还款额的不良记录不超过 6 条
	客户本人办理融资融券业务，公司不接受客户授权代理人办理业务
机构客户	依照中华人民共和国法律合法登记、具有合法的证券投资主体资格，能提供有效的法人营业执照，不存在法律、法规、规章、上海证券交易所和深圳证券交易所禁止或限制其投资证券市场的情形的法人
	能够提供要求的注册资料、财务资料等
	信用记录良好：机构当前无逾期贷款记录，法定代表人近两年的个人征信记录中未发现欠款超过 30 天的不良记录，法定代表人个人信用记录中贷记卡连续未还最低还款额的不良记录不超过 6 条

3. 禁止申请的情况

并非所有的人都可以参与融资融券业务，以下客户禁止申请开展融资融券业务。

（1）非中华人民共和国公民或非境内合法注册的法人机构
（2）未按照要求提供真实资料
（3）在证券公司开立普通证券账户的时间不符合《证券公司融资融券业务试点管理办法》及监管部门要求
（4）普通账户交易结算资金未纳入第三方存管或持有未清理规范的不合格账户的客户
（5）被列入公司总部或营业部认定的不适宜从事融资融券业务的各种信用记录"黑名单"的客户
（6）个人客户当前有逾期贷款，或近两年内个人信用记录中有欠款超过 30 天的不良记录，或个人信用记录中贷记卡连续未还最低还款额的不良记录超过 6 条

（7）机构或其法定代表人当前有逾期贷款，或法定代表人近两年内个人信用记录中有欠款超过 30 天的不良记录，或法定代表人个人信用记录中贷记卡连续未还最低还款额的不良记录超过 6 条

（8）利用他人名义申请开展融资融券业务的客户

（9）普通证券账户中有证券被司法冻结、强制处分的客户

（10）开户证券公司的股东、关联人

（11）信托公司

（12）资金资产来源不符合《反洗钱法》有关规定的客户

（13）证券投资经验不足、缺乏风险承受能力的客户

（14）公司认定具有可疑交易记录的客户

（15）列入公司风险客户名单拒绝级的客户

（16）证券市场禁止或限制进入者

（17）存在重大违规记录者

（18）违规使用他人证券账户者

（19）公司认定其他不适宜为其提供融资融券业务的客户

（四）征信

证券公司在向客户融资、融券前，将对申请融资融券业务的投资者进行征信，了解客户的身份、财产与收入状况、证券投资经验和风险偏好，并以书面和电子方式予以记载、保存。

客户向公司提出开展融资融券业务申请后，须提交相关资料，详见表 2-8。

表 2-8　申请融资融券需提交的资料

客户性质	提交资料		
个人客户	《融资融券业务申请审批表（个人投资者）》《融资融券交易风险揭示书》《证券账户注册申请表》；客户应申报其持有限售股份（包括解除和未解除限售股份）情况，以及是否为是否为上市公司董事、监事、高级管理人员，是否在其他证券公司开立信用证券账户等相关信息		
	有效身份证明文件、普通证券账户卡、普通资金账户卡（牛卡）		
	收入证明文件，包括本人年收入证明、纳税证明、工资流水单及其他收入证明	客户提供的本人年收入证明应当为税务机关出具的收入纳税证明、银行出具的工资流水单或者其他收入证明	
		客户提供的税务机关的收入纳税证明应当为税务登记部门出具的最近年度个人所得税纳税单	
		客户提供的工资流水单应当为银行出具的近期连续三个月以上的代发工资银行卡入账单、代发工资活期存折流水等	
		客户提供的其他收入证明应当为当前就职单位人事部门或者劳资部门出具的加盖公章的收入证明	
		客户所提供上述证明的开具日期距申请开户日期间隔不得超过三个月	
	资产证明文件，包括房产证明、车产证明等非金融资产的权利凭证以及金融资产证明等。金融类资产证明包括银行存款、股票、基金、期货权益及债券、黄金、理财产品（计划）以及证券公司认可的其他金融资产证明	客户提供的银行存款证明应当为加盖中国境内银行业务章的本外币定、活期存款证明	
		客户提供的股票、基金、期货权益证明应当为加盖证券营业部专用章的对账单、加盖基金公司专用章的基金份额证明、加盖期货公司结算专用章的交易结算单作为相关资产权益证明	
		客户提供的债券资产证明应当为加盖银行或者证券公司专用章的国债、企业债、公司债、可转债等证明	
		客户提供的黄金资产证明应当为加盖银行业务章的纸黄金或者实物黄金证明	
		客户所提供上述证明的开具日期距申请开户日期间隔不得超过三个月	
	地址、住址证明文件，包括最近三个月内的银行结单（银行消费账单）、水电费单（水电费账单）、通信费用结单（固定电话、手机、网络账单）等		
	本人的《中国人民银行征信中心个人信用报告》		

（续表）

客户性质	提交资料		
机构客户	《融资融券业务申请审批表（机构投资者）》《融资融券交易风险揭示书》、证券账户注册申请表		
	普通证券账户卡、普通资金账户卡（牛卡）		
	注册登记或批准成立的有关文件及其最新年检证明（验原件留存复印件）	客户为企业法人的，应提供工商行政管理部门核发的营业执照	
		客户为事业法人的，应提供有关部门核发的事业法人资格证书	
		客户为其他经济组织的，应提供有关部门批准或登记成立的有关文件	
	技术监督局核发的组织机构代码证书及最新年检证明		
	税务部门年检合格的税务登记证明和近两年税务部门纳税证明资料复印件		
	法定代表人本人的《中国人民银行征信中心个人信用报告》		
	《中国人民银行征信中心机构信用报告》		
	现行公司章程、成立时的合同或协议等（原件及复印件）、验资报告等		
	法定代表人身份证明书、法定代表人的有效身份证明文件、委托代理人的有效身份证明文件、签字样本及有效授权文件		
	董事会同意进行融资融券交易的决议、文件或具有同等法律效力的文件或证明。无董事会的国有企业或者国有资产占控股地位或主导地位的企业，需要出示主管部门批准进行融资融券交易的文件等		
	经依法成立的中介机构审计的近三年和最近一期财务报告。成立不足三年的，提交自成立以来各年度的财务报告		
	预留印鉴卡		

（五）信用评级

融资融券征信调查岗根据客户征信评分、推荐人主观评价、征信初评报告及相关的征信调查审核结果评定客户的信用等级，并出具客户征信评级报告，经征信审核岗审核后客户信用等级评定结果生效。

证券公司的信用评级系统的评价指标详见表 2-9。

表 2-9　信用评级指标

项目	指标	
	准则层	指标层
个人客户信用综合得分	基本情况	年龄情况
		文化程度
		身体健康状况
		是否存在过往处罚记录
		人民银行的信用记录
	工作情况	在职情况
		单位类别
		是否有稳定的职业及收入来源
		年收入情况
	资产状况	房产
		金融资产
		普通证券账户资产
		涉及法律纠纷的资产比例
	交易情况	在营业部开户时间
		佣金水平
		收益率
		标的证券交易量比例
		年换手率
		是否核心客户
		持有标的证券市值
		证券账户中可抵押担保物市值 / 拟申请额度
		历史股票持仓结构

具体的客户信用等级详见表 2-10。

表 2-10　客户信用等级划分

信用等级	特征描述	征信分值
AAA	极佳	90（含）及以上
AA	优秀	85（含）~90
A	良好	80（含）~85
BBB	较好	75（含）~80
BB	一般	70（含）~75
B	可接受	65（含）~70
C	慎贷	60（含）~65
D	不可接受	60 以下

引入信用等级制度对客户进行风险定价，从理论上讲有以下几点好处。

1　通过风险定价机制来测度客户的风险偏好

2　通过向不同的客户索取不同的风险溢价，可以使得资金向信用更好的客户倾斜，从而有利于培育市场的信用文化

3　券商还可以通过客户风险偏好和信用数据的积累，为将来成立的证券金融公司开发适合市场风险偏好的品种进行融资融券交易创造条件

因此，信用评级制度的引入对提高市场流动性，活跃交易和增加投资者风险管理工具都是有利的。

（六）授信

公司综合考虑客户资产情况（包括普通账户内资产、金融资产、总资产）、客户申请的融资融券额度、公司融资融券业务现有规模、公司财务

安排及市场情况等因素确定客户的授信额度。交易时，客户须有相应的保证金方可使用其授信。额度实际使用额度还将受到其融资买入或融券卖出标的证券的折算率影响。

具体的征信调查及信用等级评定流程如图 2-2 所示。

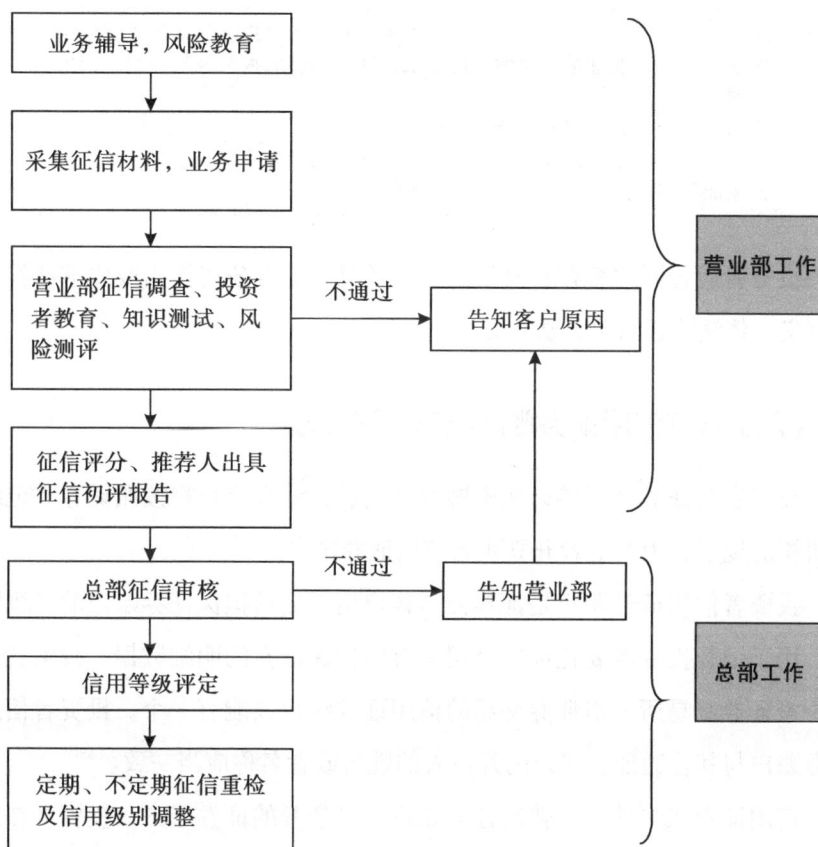

图 2-2　征信调查及信用评定流程

（七）签署合同

签署合同的流程是指经过资格审查合格的投资者与证券公司签订标准

的融资融券业务合同的过程。签署融资融券合同时，营业部投资咨询岗将会为客户讲解《融资融券业务合同》的具体条款。投资者要特别注意，投资者只能与一家证券公司签订融资融券合同。投资者需认真阅读合同条款，关注合同中涉及的必备条款中是否明确约定以下事项。

（1）融资、融券的额度、期限、利（费）率、利息（费用）的计算方式
（2）保证金比例、维持担保比例、可充抵保证金证券的种类及折算率、担保债权范围
（3）追加保证金的通知方式、追加保证金的期限
（4）投资者清偿债务的方式及证券公司对担保物的处分权利
（5）担保证券和融券卖出证券的权益处理等

投资者对合同内容存有异议时，应及时向证券公司指出或要求证券公司释义，依法维护自身合法权益。

（八）开立信用证券账户与信用资金账户

投资者与证券公司签订融资融券合同后，证券公司将按照证券登记结算机构的规定，为投资者开立实名信用证券账户。

投资者信用证券账户是证券公司客户信用交易担保证券账户的二级账户，用于记载投资者委托证券公司持有的担保证券的明细数据。投资者用于一家证券交易所上市证券交易的信用证券账户只能有一个。投资者信用证券账户与其普通证券账户的开户人的姓名或者名称应当一致。

信用证券账户独立于普通证券账户，是新开的证券账户。投资者在进行融资融券交易前，需将用于担保的可充抵保证金证券从普通证券账户划转至信用证券账户。融资融券交易了结后，投资者可以将担保证券划转回普通证券账户。在融资融券交易期间，经证券公司同意，投资者可将超过维持担保比例300%以上部分的担保证券划转回普通证券账户。

投资者在与证券公司签订融资融券合同后，需与证券公司、商业银行签订客户信用资金第三方存管协议。证券公司应当通知第三方存管银行，根据投资者的申请，为其开立实名信用资金账户。投资者信用资金账户是证券公司客户信用交易担保资金账户的二级账户，用于记载投资者交存的担保资金的明细数据。投资者只能开立一个信用资金账户。

一般而言，开立融资融券信用账户等审批流程会在 5 ～ 6 个工作日内完成，也有的会在 11 个工作日内完成。

（九）划入担保物，进行交易

该环节是指投资者在信用账户开立后，将担保物从自己的普通账户转入对应信用账户的过程。

投资者进行融资融券交易的前提是必须转入担保物，其担保物可以是现金或可充抵保证金证券。信用账户开立成功后，投资者需通过商业银行将担保资金划入信用资金账户，并委托证券公司将担保证券从其普通证券账户划转至对应的信用证券账户。其中，划转的担保证券必须是在证券公司规定的可充抵保证金证券范围内，并且依据其流动性和市场风险的差异，对不同的担保证券证券公司还在交易所规定的范围内规定了不同的折算率。

账户被激活，投资可以进行交易。投资者融资时，投资者可在融资额度范围内用融资款买入标的证券。当投资者融资买入时证券公司以自有资金为其提供融资，资金不划入投资者信用资金账户，而是代投资者完成和登记结算公司的资金交收。

投资者融券时，在融券额度范围内，证券公司以融券专用证券账户中的自有证券代投资者完成和登记结算公司的证券交收。在交易过程中，投资者应遵守以下融资融券主要交易规则。

（1）融资融券交易的证券不得超出证券公司规定的标的证券范围

（2）融资、融券期限最长不得超过6个月

（3）融资交易选择"融资买入"指令申报，融资买入的申报数量应当为100股（份）或其整数倍

（4）融券交易选择"融券卖出"指令申报，融券卖出的申报数量应当为100股（份）或其整数倍，融券卖出的申报价格不得低于该证券的最新成交价，当天没有产生成交的，申报价格不得低于其前收盘价，低于上述价格的申报为无效申报；融券期间，投资者通过其所有或控制的证券账户持有与融券卖出标的相同证券的，卖出该证券的价格应遵守上述规定，但超出融券数量的部分除外

（5）投资者信用证券账户不得买入可充抵保证金证券范围以外的证券，不得用于从事交易所债券回购交易

（6）投资者融券期间，其本人或关联人卖出与所融入证券相同的证券的，客户应当自该事实发生之日起3个交易日内向证券公司申报

以上九大环节为融资融券开户的基本流程，各家证券公司可能存在差异，投资者在开展融资融券交易时，以所属证券公司的业务流程为准。

附件1：

融资融券业务申请审批表（机构投资者）

注：××证券为开户证券公司

××证券_____营业部

投资者填写栏（以下内容均为必填项）	
信用资金账户号：	普通资金账户号：
从事首笔证券交易时间： □ 是　　□ 否	从事证券交易的时间是否满半年： （此行专业机构投资者可不填）
公司名称：	注册资本：　　万元
机构类型：□ 事业单位　□ 中外合资/合作企业　□ 国有企业　□ 股份制企业 　　　　　□ 私营企业　□ 外商独资企业　□ 其他	
机构有效身份证明文件类型（如营业执照、注册登记证等）： 证件到期日：　　年　月　日	

（续表）

机构有效身份证明文件号码：	
组织机构代码证号码：	税务登记证号码：
注册地址：	
现办公地址及邮编：	
法定代表人姓名：	法定代表人身份证明类型：
法定代表人身份证明号码：	
代理人姓名：	代理人身份证明类型及号码：
代理人手机号码：	
客户最近20个交易日日均证券类资产：折合人民币　　　　万元（专业机构投资者可不填）	

风险信息申报	风险测评结果：□ 进取型　□ 增长型　□ 平衡型　□ 稳健型　□ 保守型
	是否为持有 ×× 证券 5% 以上流通股份的股东：□ 是　□ 否 是否为 ×× 证券关联人：□ 是　□ 否
	是否持有解除限售存量股份：□ 是　□ 否 上市公司证券代码：＿＿＿＿＿＿　证券数量：＿＿＿＿＿＿ ＿＿＿＿＿＿　＿＿＿＿＿＿ （如位置不足，请附表）
	是否为上市公司持股 5% 以上股东、董事、监事、高级管理人员： □ 是　□ 否 上市公司名称及证券代码：＿＿＿＿＿＿　担任职务：＿＿＿＿＿ ＿＿＿＿＿＿　＿＿＿＿＿ （如位置不足，请附表）

创业板交易权限：□ 本机构的普通账户已开通创业板交易权限，申请开通融资融券账户的创业板交易权限　□ 不开通

投资者融资融券授信申请：

□ 申请融资授信额度、融券授信额度上限各 5 000 万元，在 ×× 证券批准的融资额度和融券额度范围内，从事融资融券交易时最大可用融资金额或融券数量由交易系统根据保证金及保证金比例等实时计算确定。

□ 申请融资或融券授信大于 5 000 万元，以《融资融券大额授信申请表》申请内容和审批结果为准。

（续表）

投资者声明与承诺：
1. 经详细讲解，本机构已全面知晓融资融券业务规则及《融资融券业务合同》《融资融券交易风险揭示书》的相关内容。申请本业务系本机构真实意愿表示，请贵公司给予办理。
2. 本机构郑重承诺：本机构申报资料及信息真实有效。××证券有权按照规定对本机构融资融券信用评分和评级、授信额度、信用账户交易权限等进行主动调整，本机构知晓并无异议。

机构代理人签名：   机构公章：

日期：

证券公司填写栏

推荐人意见：

本人谨此声明并确认，已向机构客户＿＿＿＿＿＿＿＿＿＿＿＿＿＿＿＿详细讲解融资融券业务规则及《融资融券业务合同》《融资融券交易风险揭示书》的相关内容，保证客户提供的资料和信息真实、准确、完整、有效。客户已签署各类协议、风险揭示、风险测评及其他相关单据。

推荐人签名：   日期：

营业部柜台业务部初审意见：

营业部柜台业务部关于客户基本资料和资信资料等开户资料的初审意见：客户为授权代理人本人亲临营业部现场办理融资融券业务开户等各项手续。营业部已按照公司规定，审核客户资料的真实性、准确性、完整性、有效性，并将客户资料准确录入公司融资融券系统。营业部认为该客户具备开展融资融券业务资格，拟同意该客户申请开展融资融券业务。

融资融券业务岗签名：   融资融券业务岗（复核）签名：

日期：   日期：

附件2：
融资融券业务申请审批表（个人投资者）

注：××证券为开户证券公司

××证券＿＿＿＿＿＿＿＿营业部

投资者填写栏（以下内容均为必填项）	
信用资金账户号：	普通资金账户号：

（续表）

从事首笔证券交易时间：		从事证券交易的时间是否满半年：□ 是　□ 否	
姓名：	性别：	出生年月：	年　月　日
证件类型：	证件号码：	证件到期日：	年　月　日
联系地址：		联系电话：	
紧急联系人：		紧急联系人电话：	

客户最近 20 个交易日日均证券类资产：折合人民币　　　　　　　万元

风险信息申报	风险测评结果：□ 进取型　□ 增长型　□ 平衡型　□ 稳健型　□ 保守型
	是否为持有 ×× 证券 5% 以上流通股份的股东：□ 是　□ 否
	是否为 ×× 证券关联人：□ 是　□ 否
	是否持有解除限售存量股份：□ 是　□ 否 上市公司证券代码：＿＿＿＿＿＿＿＿＿＿　证券数量：＿＿＿＿＿＿＿＿＿＿ （如位置不足，请附表）
	是否为上市公司持股 5% 以上股东、董事、监事、高级管理人员：□ 是　□ 否 上市公司名称及证券代码：＿＿＿＿＿＿＿＿　担任职务：＿＿＿＿＿＿＿＿＿＿ （如位置不足，请附表）

创业板交易权限：□ 本人的普通账户已开通创业板交易权限，申请开通融资融券账户的创业板交易权限　□ 不开通

投资者融资融券授信申请：

□ 申请融资授信额度、融券授信额度上限各 5 000 万元，在 ×× 证券批准的融资额度和融券额度范围内，从事融资融券交易时最大可用融资金额或融券数量由交易系统根据保证金及保证金比例等实时计算确定。

□ 申请融资或融券授信大于 5 000 万元，以《融资融券大额授信申请表》申请内容和审批结果为准。

投资者声明与承诺：

1. 经详细讲解，本人已全面知晓融资融券业务规则及《融资融券业务合同》《融资融券交易风险揭示书》的相关内容。申请本业务系本人真实意愿表示，请贵公司给予办理。

2. 本人郑重承诺：本人申报资料及信息真实有效。×× 证券有权按照规定对本人融资融券信用评分和评级、授信额度、信用账户交易权限等进行主动调整，本人知晓并无异议。

投资者签名：　　　　　　　　　　　　　　　日期：

（续表）

证券公司填写栏
推荐人意见： 　　本人谨此声明并确认，已向客户＿＿＿＿＿＿详细讲解融资融券业务规则及《融资融券业务合同》《融资融券交易风险揭示书》的相关内容，保证客户提供的资料和信息真实、准确、完整、有效。客户已签署各类协议、风险揭示、风险测评及其他相关单据。 推荐人签名：　　　　　　　　　　　　　日期：
营业部柜台业务部初审意见： 　　营业部柜台业务部关于客户基本资料和资信资料等开户资料的初审意见：客户为本人亲临营业部现场办理融资融券业务开户等各项手续。营业部已按照公司规定，审核客户资料的真实性、准确性、完整性、有效性，并将客户资料准确录入公司融资融券系统。营业部认为该客户具备开展融资融券业务资格，推荐该客户申请开展融资融券业务。 融资融券业务岗签名：　　　　　　　融资融券业务岗（复核）签名： 日期：　　　　　　　　　　　　　　日期：

附件3：

具有经营融资融券业务资格的证券公司最新统计

（截至 2016 年 4 月）

注：数据来源于上海证券交易所（Y 代表是）。

序号	公司名称	融资资格	融券资格
1	爱建证券有限责任公司	Y	Y
2	安信证券股份有限公司	Y	Y
3	渤海证券股份有限公司	Y	Y
4	财达证券有限责任公司	Y	Y
5	财富证券有限责任公司	Y	Y
6	财通证券股份有限公司	Y	Y
7	长城国瑞证券有限公司	Y	Y
8	长城证券股份有限公司	Y	Y
9	长江证券股份有限公司	Y	Y
10	川财证券有限责任公司	Y	Y
11	大通证券股份有限公司	Y	Y

（续表）

序号	公司名称	融资资格	融券资格
12	大同证券有限责任公司	Y	Y
13	德邦证券股份有限公司	Y	Y
14	第一创业证券股份有限公司	Y	Y
15	东北证券股份有限公司	Y	Y
16	东方证券股份有限公司	Y	Y
17	东海证券股份有限公司	Y	Y
18	东吴证券股份有限公司	Y	Y
19	东兴证券股份有限公司	Y	Y
20	东莞证券股份有限公司	Y	Y
21	方正证券股份有限公司	Y	Y
22	光大证券股份有限公司	Y	Y
23	广发证券股份有限公司	Y	Y
24	广州证券股份有限公司	Y	Y
25	国都证券股份有限公司	Y	Y
26	国海证券股份有限公司	Y	Y
27	国金证券股份有限公司	Y	Y
28	国开证券有限责任公司	Y	Y
29	国联证券有限责任公司	Y	Y
30	国盛证券有限责任公司	Y	Y
31	国泰君安证券股份有限公司	Y	Y
32	国信证券股份有限公司	Y	Y
33	国元证券股份有限公司	Y	Y
34	海通证券股份有限公司	Y	Y
35	恒泰证券股份有限公司		Y
36	宏信证券有限责任公司	Y	
37	红塔证券股份有限公司	Y	Y
38	华安证券股份有限公司	Y	Y
39	华宝证券有限责任公司	Y	Y
40	华创证券有限责任公司	Y	Y
41	华福证券有限责任公司	Y	
42	华金证券有限责任公司	Y	Y
43	华林证券有限责任公司	Y	Y

（续表）

序号	公司名称	融资资格	融券资格
44	华龙证券股份有限公司	Y	Y
45	华融证券股份有限公司	Y	Y
46	华泰证券股份有限公司	Y	Y
47	华西证券股份有限公司	Y	Y
48	华鑫证券有限责任公司	Y	Y
49	江海证券有限公司	Y	Y
50	金元证券股份有限公司	Y	Y
51	九州证券股份有限公司	Y	Y
52	开源证券股份有限公司	Y	Y
53	联储证券有限责任公司	Y	Y
54	联讯证券股份有限公司	Y	Y
55	民生证券股份有限公司	Y	Y
56	南京证券股份有限公司	Y	Y
57	平安证券有限责任公司	Y	Y
58	日信证券有限责任公司	Y	Y
59	山西证券股份有限公司	Y	Y
60	上海证券有限责任公司	Y	Y
61	申万宏源西部证券有限公司	Y	Y
62	申万宏源证券有限公司	Y	Y
63	世纪证券有限责任公司	Y	Y
64	首创证券有限责任公司	Y	Y
65	太平洋证券股份有限公司	Y	Y
66	天风证券股份有限公司	Y	Y
67	万和证券有限责任公司	Y	Y
68	万联证券有限责任公司	Y	Y
69	五矿证券有限公司	Y	Y
70	西部证券股份有限公司	Y	Y
71	西藏同信证券股份有限公司	Y	Y
72	西南证券股份有限公司	Y	Y
73	湘财证券股份有限公司	Y	Y
74	新时代证券股份有限公司	Y	Y
75	信达证券股份有限公司	Y	Y

（续表）

序号	公司名称	融资资格	融券资格
76	兴业证券股份有限公司	Y	Y
77	银泰证券有限责任公司	Y	Y
78	英大证券有限责任公司	Y	Y
79	招商证券股份有限公司	Y	Y
80	浙商证券股份有限公司	Y	Y
81	中国国际金融有限公司	Y	Y
82	中国民族证券有限责任公司	Y	Y
83	中国银河证券股份有限公司	Y	Y
84	中国中投证券有限责任公司	Y	Y
85	中航证券有限公司	Y	Y
86	中山证券有限责任公司	Y	Y
87	中泰证券股份有限公司	Y	Y
88	中天证券有限责任公司	Y	Y
89	中信建投证券股份有限公司	Y	Y
90	中信证券（山东）有限责任公司	Y	Y
91	中信证券股份有限公司	Y	Y
92	中银国际证券有限责任公司	Y	Y
93	中邮证券有限责任公司	Y	Y
94	中原证券股份有限公司	Y	Y

第三章

投资者如何选择开户券商及参与融资融券的注意事项

很多刚接触融资融券的投资者都有这样的疑惑：如何选择一家适合自己的证券公司进行开户？融资融券业务开始后又应该注意哪些问题？本章将从券商的综合实力、服务水平、开户条件、收费方式等角度进行分析，为读者选择适合自己的有保障的券商提供思路和建议，并提醒投资者参与融资融券应当注意的事项。

一、投资者如何选择融资融券开户券商

证券公司开展融资融券业务必须经中国证监会的批准，未经证监会批准，任何证券公司不得向客户融资、融券，也不得为客户与客户、客户与他人之间的融资融券活动提供任何便利和服务。所以，投资者在选择融资融券开户券商首先要确定其是否具有融资融券业务资质。其次，再从券商的综合实力、收取费用、服务水平和开户的便捷性等方面对券商进行综合的比较和考量。

（一）看券商的综合实力

在融资融券交易中，券商的综合实力十分重要。选择一个正规的、信誉好的大券商，无论是交易账户资金安全性、交易软件稳定性、交易跑道的通畅性、券商开展各种业务的资格以及后续服务的完整、收费的诚信透明等都更有保障。

目前，国内 AAA 级券商仍然空缺，作为国内最高评级的 AA 级券商共15 家，分别为安信证券、国信证券、海通证券、华泰证券、东方证券、华西证券、银河证券、招商证券、光大证券、中金公司、广发证券、中信建投、中信证券、国泰君安、申银万国。这些券商的综合实力是相对较强的。

（二）看券商的费用

除了证券交易的佣金、手续费、印花税等基本交易成本之外，融资融券交易成本还包括融资利息、融券费用等。

1. 融资融券收费构成

融资融券收费主要由两部分构成，如图 3-1 所示。

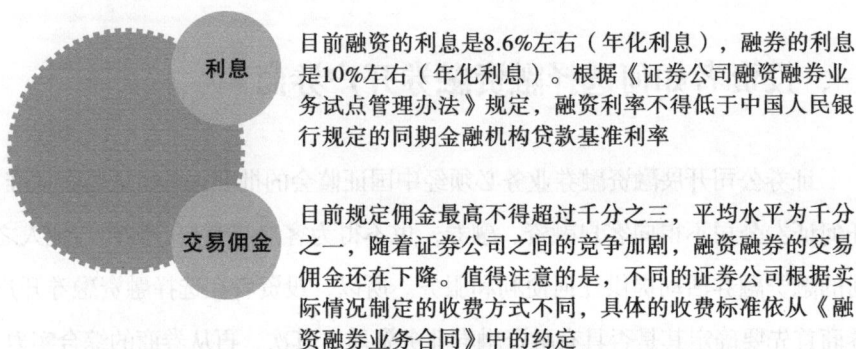

利息 目前融资的利息是8.6%左右（年化利息），融券的利息是10%左右（年化利息）。根据《证券公司融资融券业务试点管理办法》规定，融资利率不得低于中国人民银行规定的同期金融机构贷款基准利率

交易佣金 目前规定佣金最高不得超过千分之三，平均水平为千分之一，随着证券公司之间的竞争加剧，融资融券的交易佣金还在下降。值得注意的是，不同的证券公司根据实际情况制定的收费方式不同，具体的收费标准依从《融资融券业务合同》中的约定

图 3-1　融资融券收益的构成

选择一个费用水平比较合理的公司是可以节约交易成本的，这点对于做短线交易的投资者来说尤为重要。

2. 融资利息的计算与收取

融资的利息按证券公司与投资者签订的融资融券合同中规定的利率乘以实际发生融资金额、占用天数计算，融资利息在投资者偿还融资时由证券公司一并从投资者信用资金账户中收取或按照合同约定的方式收取。融资利息的计算公式如下。

融资利息 = 实际使用资金金额 × 使用天数 × 融资年利率 /360

3. 融券费用的计算与收取

融券的费用按证券公司与投资者签订的融资融券合同中规定的融券品种费率乘以融券发生当日融券市值、占用天数计算，融券费用在投资者偿还融券时由证券公司一并从投资者信用资金账户中收取或按照合同约定的方式收取。融券费用的计算公式如下。

融券费用 = 实际使用证券金额 × 使用天数 × 融券年费率 /360

4. 使用天数的计算

融资融券客户的授信期限最长只有半年，而且是按照客户实际借贷时间来计算费用的。例如，投资者向券商融资买入股票后，持有了 10 天就卖出了股票（卖出股票后资金自动归还给券商），那么将只计算这 10 天内的利息。

实际使用天数按自然日天数计算，算头不算尾，不足一天的按一天计算。即 T 日实际使用开始收取，还款当日不收取；交易过程中 T+0 使用公司融资融券额度的，公司按照其所使用额度收取一天的利息或费用。如在计息（费）期间遇利（费）率调整，分段计息。投资者新的融资融券交易的融资利息、融券费用等按照新的标准计算。

（三）看券商的账户开立便捷性

投资者在选择券商时还要考虑账户开立的便捷性，最好该证券公司在投资者本人所居住的城市有营业部。虽然现在各个证券公司都可以实行网上开户，但有些公司的重置密码、开通两融账户等业务还需要亲自到柜台办理，所以决定开户时要考虑到这一点。

（四）看券商的服务水平

投资者在选择证券公司时，一定要注意其服务水平，重点关注其交易渠道。个别公司只提供网上或电话交易，限制了交易时间和交易环境，会给投资者带来不必要损失。所以一定要挑选交易渠道畅通多样且拥有优质服务的券商。此外，证券公司的研究部的规模越大越好。因为证券公司的研究部越大，投资者可读的上市公司研究报告越多，得到的信息就越全面。

二、投资者参与融资融券应当随时注意的事项

长期以来，中国的资本市场只能单向做多，融资融券的推出引入了做空机制，丰富了投资者的盈利模式，打破了我们惯常的单边思维，不论是否参与融资融券，我们都要对此有充分认识。因此，在融资融券过程中不能再固守单向多头的观念，要建立起双向思维的新理念，还要时刻关注账户情况，保持联系方式畅通。

（一）杠杆交易，止损是铁律

相对于普通证券投资来说，融资融券最为显著的特征在于其可以通过保证金的支撑为投资者提供"以小博大"的机会。也正是由于融资融券业务所具有的这种杠杆放大的作用，使得投资人一旦判断失误，就会放大其相应的损失，危机其本金安全。因此，进行融资融券交易之前一定要设立严格的止损位，并切实遵守交易纪律。

投资者应该在不同时期采取不同的操作策略。比如，牛市阶段以融资做多为主；熊市阶段以融券做空为主。国内市场的系统性风险很大，因此，在进行融资融券投资时把握市场的运行趋势至关重要。在发现对市场方向判断错误时，要迅速纠正并及时止损，改变投资策略。

对于强行平仓，证券公司应做到权利的适当使用，并履行合同告知义务和通知义务，而投资者更需要加强防范被强行平仓的风险。

（二）量力而行，谨慎参与

普通投资者对融资融券应该有理性的认识，要控制好个人投资风险，在市场发展和个股趋势不明朗的情况下，不要头脑发热，盲目地做融资融券业务，以免给自己造成更大的损失。

普通投资者参与融资融券不应一次性把全部"家底"都拿去充当保证金。在股票选择上，应尽量选择基本面和流动性好的蓝筹股作为融资融券标的。此外，还可利用融资融券具有的风险对冲和防范功能，以稳定投资收益。

总而言之，只有在自己可以掌控的局面内才可以进行投资，不能够做过度的交易。融资融券交易需要投资者有更加丰富的投资经验和较强的承受能力，并不是每一个交易者都有相同的承受能力。所以，一定要量力而行，谨慎参与。

（三）经常关注账户情况

只有对自己的账户密切关注，才能更好地掌控自己的资金。在融资融券业务中对账单是交易的重要凭证。投资者应当经常通过交易系统查询对账单，关注自身账户情况，确保维持担保比例在安全范围内。

（四）联系方式保持畅通

投资者开户时需要登记正确、有效的联系方式，一旦联系方式出现变动，应及时和营业部联系修改。随时留意自己的账户资产价值的变动情况，并保持手机、家庭电话、邮箱等联系渠道通畅，以防止因未及时补仓而被强行平仓。

第四章

融资融券的风险揭示和强行平仓

融资融券交易作为一种带有杠杆性质的交易，是一把双刃剑，做得好可以放大盈利，做不好就会放大亏损。本章将详细揭示融资融券的风险和强行平仓的具体内容与案例，使投资者深刻领悟趋利避害的重要性，学会规避"杠杆"的不利影响。

一、融资融券交易风险揭示

融资融券交易与普通证券交易不同，其具有财务杠杆放大效应，投资者虽然有机会以约定的担保物获取较大的收益，但也有可能在短时间内蒙受巨额的损失。投资者在参与融资融券交易前应审慎评估自身的经济状况和财务能力，充分考虑是否适宜参与此类杠杆性交易。在决定从事融资融券交易前，投资者应充分了解以下事项。

（一）与普通证券交易相同的风险

融资融券交易具有证券类产品普通交易所具备的政策风险、市场风险、违约风险、证券公司业务资格合法性风险、系统风险等各种风险。

1. 政策风险

投资者从事融资融券交易、普通证券交易期间，由于我国宏观经济形势的变化以及其他国家、地区宏观经济环境和证券市场的变化，可能会引起国内证券市场的波动，从而会给投资者造成经济损失，该损失由投资者自行承担。

2. 法律风险

投资者从事融资融券交易、普通证券交易期间，有关证券市场的法律、法规及相关政策、规则发生变化，可能引起证券市场价格波动，可能会给投资者造成经济损失，该损失由投资者自行承担。

3. 证券公司业务资格合法风险

投资者从事融资融券交易、普通证券交易期间，由于上市公司所处行业整体经营形势的变化，或者是上市公司经营管理等方面的因素，如经营决策重大失误、高级管理人员变更、重大诉讼等都可能引起该公司证券价格的波动。由于上市公司经营不善甚至可能导致该公司被停牌、摘牌，可能会给投资者造成经济损失，该损失由投资者自行承担。

4. 市场风险

投资者在从事融资融券交易期间，如单只证券融资或融券等监管指标触及上限、市场出现异常或持续大幅波动时，交易所可暂停接受该种证券的相应交易指令或采取相应措施，可能会给投资者造成经济损失。

5. 交易系统风险

投资者从事融资融券交易、普通证券交易期间，由于交易撮合、清算交收、行情揭示及银证转账是通过信息通信技术来实现的，这些技术存在着被网络黑客和计算机病毒攻击的可能，同时信息通信技术和相关软件可能存在缺陷，这些风险可能给投资者带来损失或银证转账资金不能即时到账，进而可能导致投资者在实际保证金不足的情况下进行了融资融券交易，如投资者未在证券公司规定期限内补足担保物，将面临被证券公司强行平仓的风险，可能会给投资者造成经济损失，该损失由投资者自行承担。

6. 交易系统瘫痪的风险

投资者从事融资融券交易、普通证券交易期间，诸如地震、台风、火灾、水灾、战争、瘟疫、社会动乱等不可抗力因素可能导致证券交易系统的瘫痪；证券公司无法控制和不可预测的系统故障、设备故障、通信故障、电力故障等也可能导致证券交易系统非正常运行甚至瘫痪；银行无法控制和不可预测的系统故障、设备故障、通信故障、电力故障等也可能导致银证转账系统非正常运行甚至瘫痪。这些都会使投资者的交易委托无法成交或者无法全部成交，或者银证转账资金不能即时到账，由此导致的损失和不便由投资者自行承担。

7. 操作不当的风险

投资者从事融资融券交易、普通证券交易期间，由于投资者密码保管不当、操作不当、投资决策失误等原因而造成的损失；网上委托、热键操作完毕后未及时退出，他人进行恶意操作而造成的损失；网上交易未及时退出可能遭遇黑客攻击而造成的损失；委托他人进行证券交易而造成的损失等，都将由投资者自行承担。在投资者进行证券交易或委托他人证券交易时，他人给予投资者的保证获利或不会发生亏损的任何承诺都是没有根据的，类似的承诺不会减少投资者发生亏损的可能。

（二）提前了结融资融券交易的风险

提前了结融资融券交易将会面临的四种风险，如图 4-1 所示。

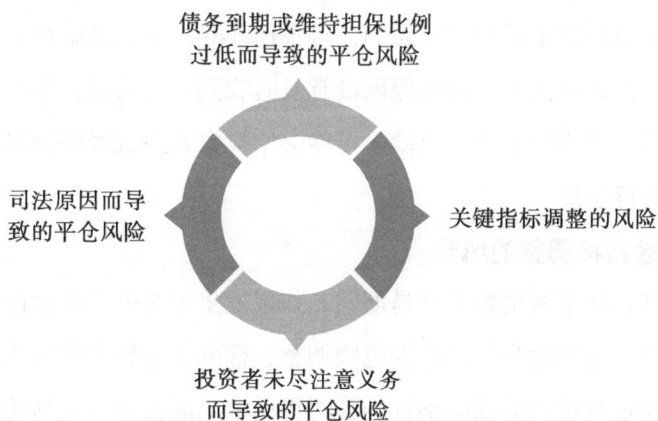

图 4-1　提前了结融资融券交易的风险

1. 债务到期或维持担保比例过低而导致的平仓风险

投资者在从事融资融券交易期间，如果不能按照约定的期限清偿债务，或上市证券价格波动导致担保物价值与其融资融券债务之间的比例低于约定的维持担保比例，且不能按照约定的时间、数量追加担保物时，将面临担保物被证券公司强行平仓、提前了结融资融券交易的风险。投资者在证券公司强行平仓时还面临不能自主选择卖出券种、时机、价格及数量等的风险。

2. 司法原因而导致的平仓风险

投资者在从事融资融券交易期间，如果因自身原因导致其资产被司法机关采取财产保全或强制执行措施；被监管部门调查、处罚；或者出现丧失民事行为能力、破产、解散等情况时，投资者将有可能被限制融资融券交易或取消融资融券交易资格，将面临被证券公司提前了结融资融券交易的风险，可能会给投资者造成经济损失，该损失由投资者自行承担。

3. 投资者未尽注意义务而导致的平仓风险

投资者在从事融资融券交易期间，证券公司将以《融资融券业务合同》约定的通知与送达方式及通信地址，向投资者发送通知。通知一经发出或者其他有约定生效时间之后的，将视作证券公司已经履行对投资者的通知义务。投资者无论因何种原因没有及时收到有关通知，都可能面临担保物被证券公司强行平仓的风险，可能会给投资者造成经济损失，该损失由投资者自行承担。

4. 关键指标调整的风险

投资者在从事融资融券交易期间，如果发生可充抵保证金证券范围或折算率调整、融资融券标的证券范围调整、标的证券暂停交易或终止上市等情况，投资者将可能面临被证券公司提前了结融资融券交易的风险，可能会给投资者造成经济损失，该损失由投资者自行承担。

在从事融资融券交易期间，如果投资者信用资质状况降低，证券公司将相应降低对投资者的授信额度，或者证券公司提高相关警戒指标、平仓指标，可能会对投资者造成经济损失，该损失由投资者自行承担。

（三）投资亏损放大的风险

以融资交易为例，投资者在使用自有资金投资时，还能以融入的资金购入证券，如果该证券价格出现下跌，则投资者不仅要承担自己资金的投资亏损，还要承担融入资金的亏损以及融资的利息成本，因此亏损是放大的，甚至有可能导致投资全部亏损乃至出现负资产。融券交易也是同样的道理。

融资融券交易属于投资者与证券公司之间资金和证券的借贷行为，投资者发生亏损时，除损失自有资金外，还需要偿还证券公司的借款及利息。投资者需要自担因自主投资决策产生的风险，证券公司有权按照合同约定向投资者追索债务。

（四）交易委托指令不熟悉而导致的风险

融资融券交易属于较为复杂的创新业务，如投资者不熟悉有关法律、行政法规、规章、规则，所发出指令可能因违反相关规则而被视为无效或被拒绝执行，违法违规行为还可能导致被监管部门采取监管措施或行政处罚的风险。

投资者在从事融资融券交易时，应谨慎关注证券公司提供的交易委托类别。如投资者误将普通委托交易类别当作融资融券交易的委托类别进行委托申报，由此造成的额外费用支出和损失等，由投资者自行承担。

（五）提交担保物后不能随意取回的风险

投资者向信用账户提交资金或证券作为担保物后，只有当信用账户维持担保比例超过交易所规定的标准时，方可提取超出部分的现金或证券。

投资者在提交担保物前应清楚认识到这一限制。

（六）融资融券成本增加的风险

投资者在从事融资融券交易期间，如果中国人民银行规定的同期金融机构贷款基准利率调高，或其他原因导致证券公司调高融资利率或融券费率，投资者将面临融资融券成本增加的风险，而该成本由投资者自行承担。

（七）证券公司业务资质风险

投资者在开户从事融资融券交易前，必须了解所在的证券公司是否具有开展融资融券业务的资格。投资者融资融券合同有效期内，所在的证券公司融资融券业务资格可能由于监管的原因而被暂停，投资者将不能继续从事融资融券交易，投资者正在进行的融资融券交易可能被提前终止而造成损失。

（八）利益冲突风险

证券公司公布的融资融券标的证券、可充抵保证金的证券名单可能与自营投资、资产管理业务持仓重合，投资银行、研究咨询等其他业务也可能涉及该等证券。证券公司公布、调整标的证券或可充抵保证金的证券名单及其折算率，并不构成对该等证券投资价值的判断或建议，请投资者审慎独立决策。

（九）融资融券交易被限制的风险

如果证券公司全体投资者实际融资融券总额、单个投资者融资规模和融券规模或单只担保证券总市值已经达到法律法规、业务规则或本公司规定的上限的，证券公司将不能随时满足投资者的融资、融券需求，投资者可能面临具备充足授信额度及保证金可用余额时无法进行融资融券交易的情况，可能会给投资者造成损失。

（十）融资融券仓单无法展期的风险

投资者在从事融资融券交易期间如有展期需求，但投资者的信用状况、负债情况、维持担保比例水平等方面不符合证券公司规定的标准，投资者将面临无法展期的风险，可能会给投资者造成损失。

（十一）信用记录受影响的风险

投资者如在融资融券业务中出现违约情形，将影响投资者征信记录，并可能造成投资者因信用违约记录而导致各类损失的风险。

（十二）未能及时查询业务信息和保持联系方式畅通的风险

证券公司官方网站会不定期更新融资利率和融券费率、标的证券范围、融资保证金比例、融券保证金比例、追保预警线、追保平仓线、追保解除线、盘中限制线、提取线、可充抵保证金证券及折算率、集中度前端控制规则等重要信息，投资者应在开户证券公司的官方网站上查询并熟知有关事项的规定或更新。

在融资融券业务开展过程中，证券公司会根据投资者信用账户的维持担保比例情况向投资者发送追缴保证金通知和其他各种通知等文件，投资者应及时查阅融资融券专用电子邮箱，并保持预留在证券公司的联系方式有效且畅通。

二、融资融券的强行平仓

在融资融券交易中，投资者与证券公司间除了普通交易的委托买卖关系外，还存在着较为复杂的债权债务关系以及由于债权债务产生的担保关系。证券公司为保护自身债权，对投资者信用账户的资产负债情况实时监控，在一定条件下可以对投资者担保资产执行强行平仓。

（一）强行平仓的触发条件

强行平仓是指在投资者信用账户内资产未达到规定标准的情况下，证券公司通知投资者补充保证金，而投资者未能及时补充，证券公司即可强行平仓，将该投资者账户中的证券等抵押品卖出，以所得资金和投资者账户中的其他保证金用于清偿融资融券债务。

通常，强行平仓的过程不受投资者的控制，投资者必须无条件接受平仓结果，如果平仓后投资者仍然无法全额归还融入的资金或证券，还将被继续追索。投资者应特别注意可能引发强行平仓的几种情况，具体详见表 4-1。

表 4-1　强行平仓的触发条件及平仓策略

序号	触发条件	平仓策略
1	T 日维持担保比例低于 130%（不含），且未在次一交易日补足担保物，使该日清算交收后维持担保比例达到或高于 150% 的，公司自 T+2 日执行强行平仓	了结所有融资融券交易，偿还所有负债
2	未按期偿还到期债务，公司自到期日的次一交易日执行强行平仓	了结逾期融资或融券交易，偿还逾期负债
3	标的证券发生配股权或优先认购权时，客户未在股权登记日前一日提前了结相关融券交易时，公司在登记日执行强行平仓	了结该笔融券交易，偿还相应融券负债

（续表）

序号	触发条件	平仓策略
4	标的证券进入终止上市程序或涉及收购情形时，客户未在证券发行人发布终止上市公告当日（D 日）或最后一个交易日内提前了结相关融券交易时，公司在 D+2 日执行强行平仓	了解该笔融券交易，偿还相应融券负债
5	司法机关对信用客户用证券账户记载的权益采取财产保全或强制执行措施的，公司依据司法机关执行要求，执行强行平仓并协助司法执行	了解所有融券交易，偿还所有融券负债
6	发生其他需提前了结融资融券交易偿还相应负债的情形	了结相应融资融券交易，偿还相应负债

（二）融资融券制度下，及时止损的重要性

融资融券制度是西方资本市场的成熟制度，但对于中国却是新事物，对此投资者需要有新的理念，特别是一直处于单边市的广大投资者，已经习惯了被套后"死了也不卖"，而在融资融券业务推出后，固守这样的单边思维将非常危险。

股票不同于债券，一般情况下是没有到期日的，所以很多投资者买股被套后，往往不情愿止损，而是抱着"死了也不卖"的心态去等待解套之日，短则几个月，长则几年。但在融资融券交易中，不但有期限的约定（《上海证券交易所融资融券交易试点实施细则》第 16 条规定，"投资者在本所从事融资融券交易，融资融券期限不得超过 6 个月"），而且采取逐日盯市制度。因此，当某一天投资者担保物价值低于合同约定的最低维持担保比率时，就会被证券公司催缴补足保证金，甚至被强行平仓。可以说，由于强行平仓的存在使得投资者必须对"死了也不卖"的观念进行更新。

1. 充分认识被强行平仓的风险

强行平仓权是指在投资者信用账户内资产未达到规定标准的情况下，证券公司通知投资者补充保证金，如投资者未及时补充，证券公司可强行平仓，将该投资者账户中的证券卖出，以所得资金和投资者账户中的其他保证金用于清偿融资融券债务的权利。通常，强行平仓的过程不受投资者的控制，投资者必须无条件接受平仓结果，如果平仓后投资者仍然无法全额归还融入的资金或证券，还将被继续追索。在融资融券交易的强行平仓制度下，投资者不能奢望像买卖股票一样"捂着"等待"解套"。

具体来看，有以下 5 种情况可能使证券公司动用强行平仓权，如图 4-2 所示。

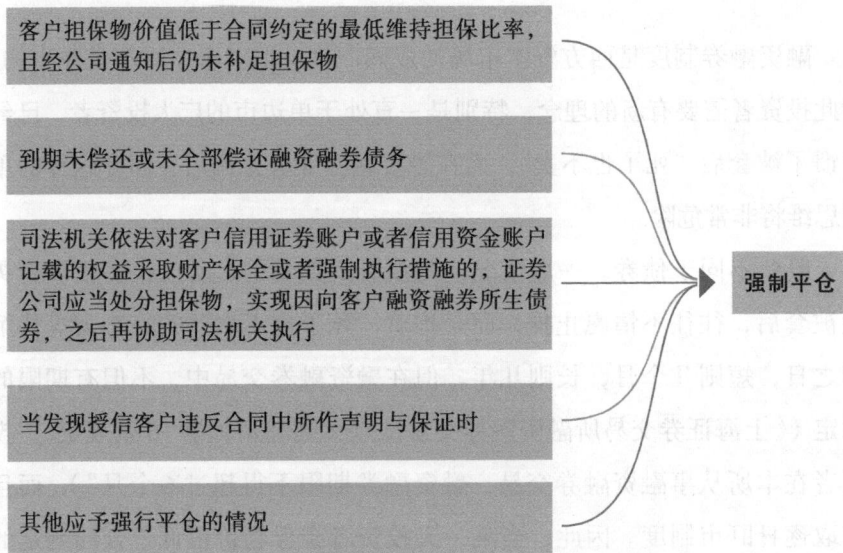

图 4-2　使证券公司动用强行平仓权的情况

实际中，以第一种情况居多，这也是投资者需要特别注意和防范的风险。《上海证券交易所融资融券交易试点实施细则》第 39 条规定，"当客户维持担保比例低于130%时，会员应当通知客户在约定的期限内追加担保物。前述期限不得超过2个交易日"。

2. 充分理解强行平仓制度的依据

强行平仓具有法律依据，是证券公司的合法行为。融资融券是投资者与证券公司之间的借贷或债权债务关系，而不是股票二级市场上的买卖关系，投资者保证金账户中的现金和证券均属于担保质押物。

《担保法》第63条规定，"在债务人不履行债务时，债权人有权依照本法规定以该动产折价或者以拍卖、变卖该动产的价款优先受偿"；第70条规定，"质物有损坏或者价值明显减少的可能，足以危害质权人权力的，质权人可以要求出质人提供相应的担保。出质人不提供的，质权人可以拍卖或者变卖所得的价款用于提前清偿所担保的债权或者向与出质人约定的第三人提存"。

《证券公司监督管理条例》第54条规定："证券公司应当逐日计算客户担保物价值与其债务的比例。当该比例低于规定的最低维持担保比例时，证券公司应当通知客户在一定的期限内补交差额。客户未能按期交足差额，或者到期未偿还融资融券债务的，证券公司应当立即按照约定处分其担保物。"

《上海证券交易所融资融券交易试点实施细则》第20条规定："投资者未能按期交足担保物或者到期未偿还融资融券债务的，会员应当根据约定采取强行平仓措施，处分客户担保物，不足部分可以向客户追索。"

3. 充分掌握防止被强行平仓的方法

对于强行平仓，证券公司应做到权利的适当使用，并履行合同告知义务和通知义务，而投资者更需要加强防范被强行平仓的风险，具体有以下方法。

1 切忌满仓操作，保证在出现较大浮动亏损时有较充裕的资金补足保证金账户

2 建议设立止损止盈位，特别是及时止损，严格自律，以免亏损面扩大被通知追缴保证金

3 持续关注维持担保比例指标，维持担保比例可能因多种因素提高，比如交易所或证券公司提高维持担保比例、担保证券价格下跌、证券被调出担保证券范围使得担保证券市值减少、融券卖出证券价格上涨、利率或费率上调，使得负债增加等

4 当接到证券公司追加保证金的通知时，应及时补充保证金，以免在2个交易日后被强制平仓

5 随时留意自己的账户资产价值的变动情况，并保持手机、家庭电话、邮箱等联系渠道通畅，以防止因未及时补仓而被强制平仓

4. 改变"死也不卖"的单边思维

长期以来，中国的资本市场只能单向做多，融资融券的推出引入了做空机制，丰富了投资者的盈利模式，也打破了投资者惯常的单边思维，不论是否参与融资融券，都要对此有充分认识，不能再固守"死了也不卖"的单向多头观念，要建立起双向思维的新理念。

附：　　　　　　昌九生化融资爆仓案例

爆仓是指在某些特殊条件下，投资者保证金账户中的客户权益为负值的情形。在市场行情发生较大变化时，如果投资者保证金账户中资金的绝大部分都被交易保证金占用，而且交易方向又与市场走势相反时，由于保证金交易的杠杆效应导致爆仓。如果爆仓形成了亏空且由投资者的原因引起，投资者需要将亏空补足，否则会面临法律诉讼。

昌九生化是一家连年亏损、资不抵债的上市公司，但是却在2012年成为融资融券标的股，也就是说，持有昌九生化的投资者可以通过持有的昌九生化

股票市值（作为保证金）向券商融资（即借款）买进更多的昌九生化股票。

由于很多昌九生化的投资者肯定赣州稀土借壳昌九生化而重组成功，所以很多人倾家荡产不顾一切，疯狂地买进昌九生化。可是，2013年11月4日赣州稀土发布公告借壳威华股份重组，昌九生化重组梦破灭，于是昌九生化出现连续8个跌停板，导致所有融资买进昌九生化的投资者集体爆仓，并出现亏空，部分人700万8天之内化为泡影，并且还要借债偿还券商的借款。

截至2013年12月24日收盘，昌九生化已经走出了10个一字跌停板，报10.13元，市值蒸发超45亿元。令投资者无奈的是，由于连续的跌停，根本没有办法卖出，只能眼睁睁地看着市值不断缩水。交易软件显示，昌九生化10个跌停以来，区间换手率仅为3.39%。

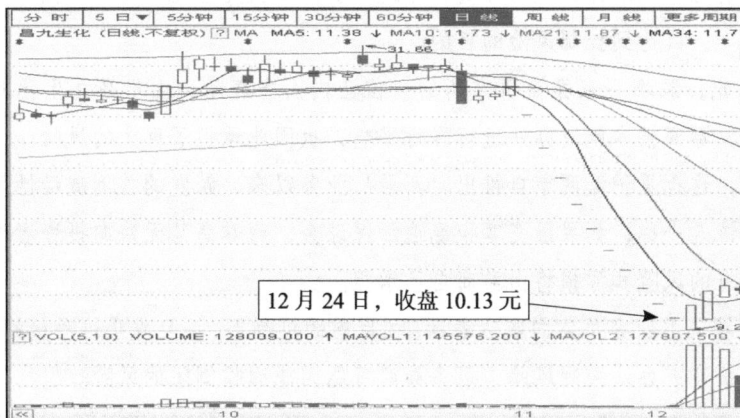

公开资料显示，按照融资融券相关文件规定，客户维持担保比例不得低于130%，一到130%，证券公司就会通知客户追加担保物，期限是两个交易日，追加担保物后维持担保比例不得低于150%。如果客户在两个交易日里没有追加担保物，券商会强行平仓。

昌九生化众多被套的流通股股东中，有3亿多元筹码来自于融资买入。此前，昌九生化在2013年9月中旬的融资余额还不足1亿元，而到了10月24日就一举突破了3亿元。不仅如此，就在11月4日大跌前几个交易日，昌九生化每日融资买入额都在 1 000 万元以上。

昌九生化股价连续暴跌后，令不少股民损失惨重，不少券商也开始禁止自己的客户融资买入昌九生化股票，但更严重的后果是，融资客拒绝追加保证金。此时昌九生化股价继续下跌，如此一来风险就转嫁到融出资金的券商身上。

据不完全统计，在昌九生化连续跌停之后，包括招商证券、银河证券等在内的 42 家证券公司将昌九生化剔除融资标的的股票池。在方正证券、西南证券、东北证券、光大证券、华泰证券上市券商的官网上，也几乎都从 11 月 8 日起将昌九生化调出公司融资融券的证券范围。

包括上述券商在内的多家券商除了着手应对昌九生化的风险，直接将其调出融资融券标的外，也有券商计划进一步降低昌九生化作为可充抵保证金证券折算率，以达到控制风险的目的。

对此，深圳一家券商研究所的一位业内人士表示，由于昌九生化股票无量跌停，券商根本就没办法进行强行平仓，也因此承担了巨大的风险。"据我们了解，这也是沪深两市自推出'两融'业务以来，触发的首例流动性风险个案。"该人士称，如果融资客拒绝追加保证金，而券商又无法向投资者追偿的话，所有的风险和亏损将由券商自己承担。

长城证券研究总监向威达表示，在目前的机制下，一旦发生这种极端情况，券商几乎没有办法控制风险，很多券商可能因此面临倒闭的风险。

昌九生化案例充分表明，在极端情况下，当市场丧失流动性的时候，股民和券商都要承担巨大的风险。昌九生化作为"两融"的第一惨案，无疑已经暴露出规则设计的一些短处。经过昌九生化一案后，不少机构开始意识到，虽然股票进入了融资融券标的，但并不意味着公司基本面就没有问题。

对此，有不少市场人士问责上交所为何把昌九生化这只连续多年亏损的个股纳入标的。但向威达认为，由于上交所挑选标的股时并没有一个成文的标准来规范，现在出现问题也很难追责。

不过也有市场人士提出了如下解决问题的建议：

（1）引入爆仓保险；

（2）要求信用账户单一持股比例不能超过 60%；

（3）取消涨跌停板，以避免涨跌停板的助涨助跌效果。

第五章

融资融券网上交易流程

在了解融资融券如何交易之后，本章就带领读者进入真实的融资融券网上交易中。融资融券的网上交易流程可分为担保品的划转和买卖、融资交易的买入和还款、融券交易的卖出和还券三大步骤，本章将对上述各步骤进行详细介绍。

一、担保品的划转和买卖

在融资融券交易中，划转担保品是开启杠杆交易的前提，待银证转账将资金转入证券账户之后，方可以买入、卖出担保品。

（一）担保品划转

信用交易可用现金和股票作为担保品，因此在操作时可以做担保品转入，既可以使用现有股票转入信用账户作为担保品，也可使用银证转账将现金转入信用账户作为担保品。

如图 5-1 所示，单击左窗格中的"担保品划转"选项，会自动显示普通账户持有的股票，同时会显示是否可作为担保品，然后输入担保物代码和划转数量，单击"下单"按钮即可。划转股票 T 日转出（T 日为交易日），T+1 日转入信用账户中，划转现金则实时到账；划转时间为每个交易日 9:30~15:00。

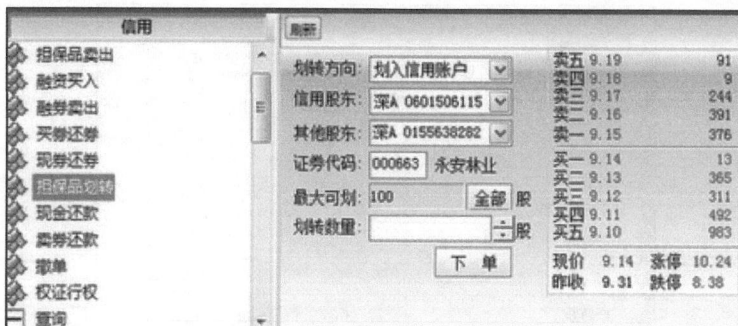

图 5-1　担保品划转操作界面

（二）银证转账

如图 5-2 所示，单击左窗格中的"银证业务–银证转账"选项，在右侧输入银行密码和转账金额，然后单击"转账"按钮即可完成银证转账。

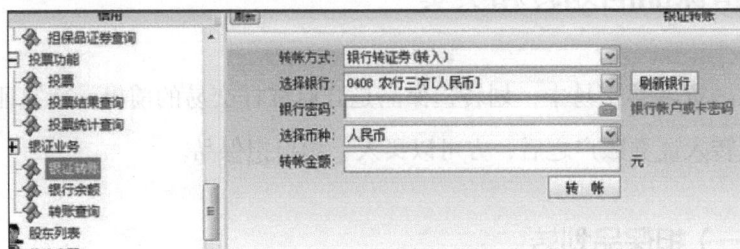

图 5-2　银行转账操作界面

（三）担保品买入

担保品买入在操作上与普通股票账户的证券买入基本相同，只是可买的标的有所差异。担保品可买股票、债券、ETF、LOF、封闭式基金等各类证券（无法买入场内货币基金、新股申购以及各类场外交易工具）。担保品买入需要用可用可取的资金买入。如图 5-3 所示，在左窗格中单击"担保品买入"选项，在右窗格中可以进行担保品买入操作。

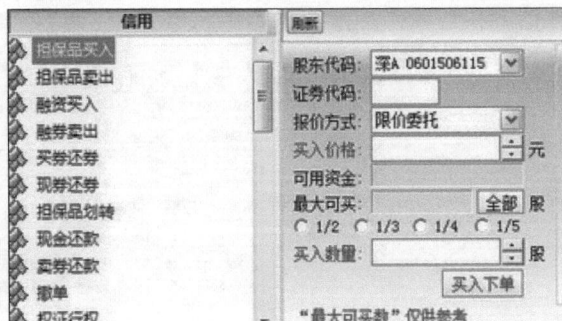

图 5-3　担保品买入操作界面

（四）担保品卖出

担保品卖出操作与普通股票账户的证券卖出基本相同，可以卖出持有的各类证券，包括融资买入的证券（不可做逆回购的卖出操作）。如图 5-4 所示，在左窗格中单击"担保品卖出"选项，在右窗格中可以进行担保品卖出操作。

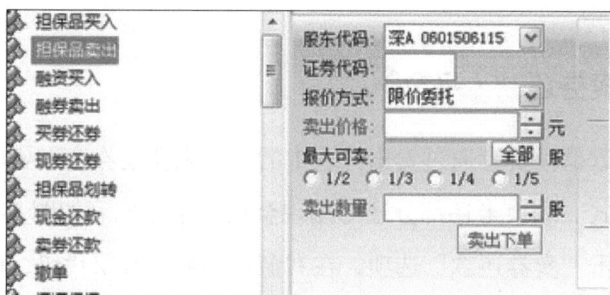

图 5-4　担保品卖出操作界面

二、融资交易的买入和还款

在融资融券交易中，融资开仓买入是启动做多杠杆功能的第一步，而卖券还款和融资还款则是偿还券商融资的本、息负债的两种方式。

（一）融资买入（开仓）

融资买入是指投资者融资买入标的证券，是信用交易中的做多功能。如图 5-5 所示，单击左窗格中的"融资买入"选项，在右窗格中会自动显示可融资买入的标的股票。直接双击要融资买入的标的股票或输入相应的代码，软件会自动提示最大可买的股数。设置买入价格，并输入买入数量，然后单击"下单"按钮即可。

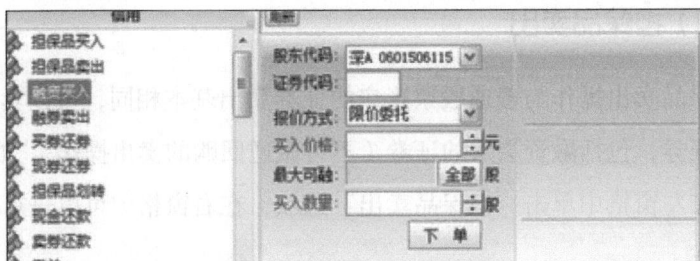

图 5-5　融资买入操作界面

（二）卖券还款（平仓）

卖券还款是投资者通过卖出持仓中的证券来偿还券商融资的本、息负债的一种方式。剩余未还部分还可用现金还款来完成。如图 5-6 所示，在左窗格中单击"卖券还款"选项，在右窗格中输入股票代码，设置卖出价和数量，然后单击"下单"按钮即可。

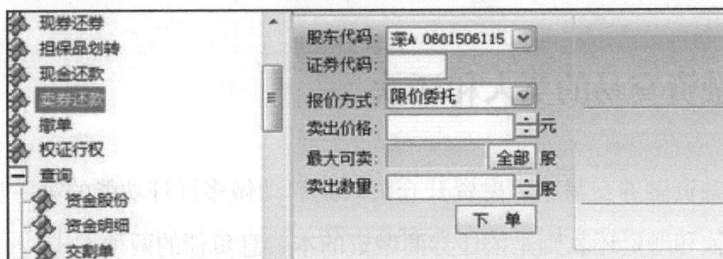

图 5-6　卖券还款操作界面

（三）现金还款

现金还款是指投资者用自有现金（或担保品卖出的现金）偿还从券商融资的本、息负债的另一种方式。如图 5-7 所示，在左窗格中单击"现金还款"选项，在右窗格中会自动出现需还款额，输入还款金额后单击"确定"按钮即可完成还款。

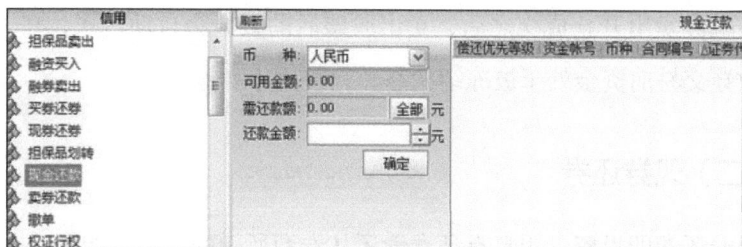

图 5-7　现金还款操作界面

系统默认的负债偿还顺序为先还息费，再还本金，本金按照开仓时间顺序逐一偿还，现金还款也用于偿还融券交易的利息。

三、融券交易的卖出和还券

在融资融券交易中，融券卖出是启动做空杠杆功能的第一步，而现券还券和买券还券则是了结融券负债的两种方式。

（一）融券卖出

融券卖出是指投资者从券商融券卖出特定标的证券，是信用交易中的做空功能。如图 5-8 所示，在左窗格中单击"融券卖出"选项，在右窗格中会出现该券商的融券标的股和可融数量。选择有余额的股票，输入代码，系统会自动算出最大可卖的数量，设置卖出价格和数量，然后单击"下单"按钮即可。

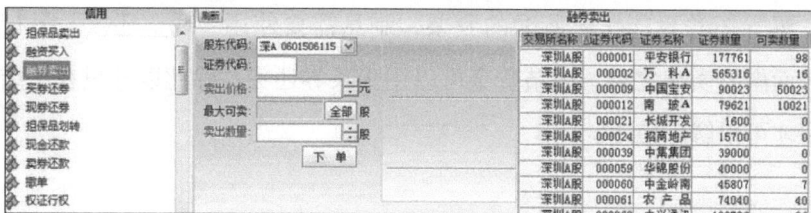

图 5-8　融券卖出操作界面

在融券卖出开仓成交之后，卖出股票后的资金会自动转账，在了结相应的融券交易前资金处于被冻结状态，只可用于卖券还券。

（二）现券还券

现券还券即投资者用自有证券偿还从券商所融的证券。如图5-9所示，在左窗格中单击"现券还券"选项，在右窗格中输入证券代码，系统会自动显示应还数量和可还数量，输入还券数量后单击"下单"按钮即可。需要注意的是，客户当日买入的ETF须在T+1日才可以"现券还券"。

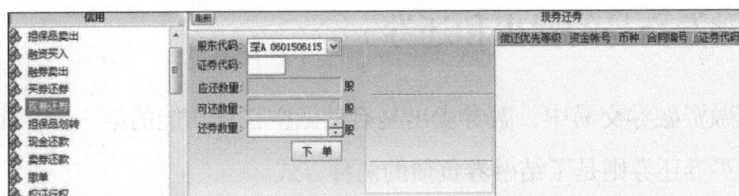

图 5-9　现券还券操作界面

（三）买券还券

买券还券是指投资者从二级市场上买入与融券卖出相同的股票并自动偿还券商所融出的证券，用于了结融券负债的一种方式。如图5-10所示，在左窗格中单击"买券还券"选项，在右窗格中输入相应的证券代码和委托数量，然后单击"下单"按钮即可。股票代码和委托数量须与融券卖出时一致。

买券还券只能偿还所融的股票，利息需要使用"现金还款"另行操作。而融券卖出之后，冻结资金可以用于买券还券，除此以外只在了结负债后才可以解冻使用。

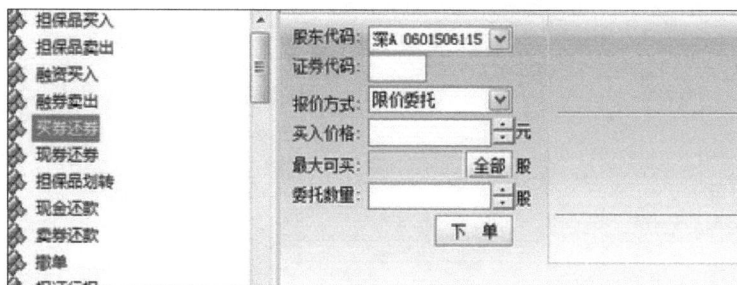

图 5-10 买券还券操作界面

第六章

融资融券的交易策略及分析、交易技巧

当前，融资融券交易已成为部分证券投资者不可或缺的交易工具，杠杆自如放大缩小、融券功能在下跌市中的应用都让不少投资者获利不菲。在日常的操作过程中，有些投资者还希望掌握更多更有效的交易手段，以此来实现盈利。本章将为读者讲解融资融券的交易策略，并为读者分析、总结交易技巧。

一、融资买入策略

融资买入策略是利用融资资金买入证券，获取额外价差收益的策略，具体可以分为趋势交易策略、逢低买入策略和持续补仓策略。

（一）趋势交易策略

趋势交易策略是利用融资资金获取额外的短线价差收益。在市场整体趋势或相关板块、个股趋势性较为确定的前提下，投资者利用融资的杠杆效应，增加获利机会。

假如 2012 年 6 月 11 日以 32 元买入五粮液，持有一个月到 36 元卖出，普通交易收益约为 12.5%。按照规定的 60% 保证金比例融资买入，担保品折算率按 70% 计算，扣除一个月的融资利息（0.72%/ 月息），最后总收益约为 26%。此策略需要客户对短线走势有很强的判断能力和极强的交易执行力。

需要指出的是，趋势交易策略可以用主观判断的方式进行投资，但也可以应用一套完整科学的交易方法，比如建立一套交易模型。

由于趋势交易是通过市场的波动赚钱，而市场波动常常是双向的，因此在波动之下模型对趋势的判断有可能发生错误，从而导致亏损。所以，需要有一套头寸跟随策略来判断何时止盈、何时止损。

在建立了模型、头寸跟随策略后，需要用大量的历史数据进行回测验证，以确定模型的有效性及参数的稳定性。在收益稳定、最大回撤较小、信息比较高的情况下，可以通过融资买入或者融券卖出的手段放大交易杠杆，博取更高额的收益。

（二）逢低买入策略

逢低买入策略是利用融资资金获取低估个股价格回归或估值合理个股成长性的收益。适用于股票价位判断能力强、稳健且具有耐心的客户。

当发生以下几种情况时适合逢低买入策略。

1 当标的证券进入上升通道时，通过融资买入该标的放大交易规模和收益

2 处于震荡中的标的证券，当股价处于高位时，则融券卖出或卖券还款；当股票处于低位时，则融资买入或买券还券，高抛低吸获取差价收益

3 假设某突发事件可能将对股价产生有利影响，导致股价在短时间内大幅波动，那么可以抓住事件驱动型交易机会，在事件发生初期做多，当股价上涨后获利了结

（三）持续补仓策略

投资者买入或者卖出股票后，这个股票可能继续上涨，也可能下跌，那么应该在什么情况下买回股票或者增持股票呢？

增加持仓或者买回持仓都叫补仓，补仓可以有效降低投资者的持股成本，在上涨趋势中增加获利筹码，从而争取更大的利润。

投资者是否需要补仓，关键还取决于个股的走势。现在的上市公司数量众多，个股走势分化严重，无论未来大盘如何运行，必然会有部分强势股持续上行，选择了这样的股票可以积极补仓。

一般来说，投资者应该补仓已经出现盈利的股票，止损出现套牢的股

票，如果是已经卖出的股票，可以在该股回调到 20 日均线处获得有效支撑后逢低买回；相反，如果没有选中强势股的投资者尽量不要冒险补仓。

很多投资者在卖出股票后往往喜欢买回自己一直炒作的股票，其实大可不必。大多数情况下，补仓是买进自己已经持有的股票，由于对该股的股性已经较为熟悉，再加上可以做盘中"T+0"的先机条件，获利的概率自然很大。但是投资者不要忘记补仓的最终目的是降低总体持仓成本，增加盈利机会。所以，补仓时是否选择自己以前买进的股票并不是问题的关键所在，关键是要尽量争取利润最大化。为此，投资者大可不必限制自己选择股票的权利。

另外，投资者还要注意控制补仓的风险。补仓时最大的风险存在于有的投资者使用了错误的补仓方法。典型的做法是采用了分段补仓、逐级补仓的操作方法，这是不正确的，最成功的补仓操作必须是力求一次成功的。补仓的风险还来源于投资者在补仓操作时缺乏止损的意识。事实上，在基本面等市场环境出现重大变化或市场行情出现重大转折的时候，投资者仍然需要拿出壮士断腕的决心。也就是说，补仓和止损是相辅相成的，如果没有止损的勇气，最好也不要轻易补仓。

（四）三种策略对比

三种不同的融资买入策略具有不同的风险，适用于不同的投资者，投资者应该了解各个策略的原理、操作方法以选择最佳策略。三种不同的融资买入策略的对比详见表 6-1。

表 6-1　三种融资买入策略对比

项目	趋势交易策略	逢低买入策略	持续补仓策略
原理	利用融资资金获取额外的短线价差收益	利用融资资金获取低估个股价格回归，或者估值合理个股成长性的收益	利用融资的资金弥补自有资金不足
操作策略	判断趋势，短线交易，设定止损、止盈位	价位判断、利用融资杠杆买入，中长线持有	连续下跌时，持续融资买入补仓，摊薄成本
盈利	高成功率、盈利多于亏损，多次交易积小胜为大胜	股票的长期投资收益减去融资的成本	股票反弹时，放大收益，弥补亏损
适用投资者	短线趋势判断能力强，交易的执行能力强	股票价位判断能力强，稳健且具有耐心	自有资金不足时，不愿意放弃投资机会
风险	趋势判断成功率过低，未及时止损	价格判断有所偏差，短期内股价还有下跌的可能	仓位过于集中，股票长期走熊市

二、融券卖空策略

融券卖空策略是在某只证券价格的相对高点融券卖出，再在低点买券还券的策略，目的是在下跌行情中获得收益。融券卖空策略具体可以分为短线高频交易策略、中线看空策略、突发性事件看空策略三种。

（一）短线高频交易策略

短线高频交易策略，即判断股票下跌时，在高位融券卖出，再低位买入归还，利用融券可以进行"T+0"短线交易。

由于高频交易每笔交易往往只能实现微利，因此杠杆操作往往成为高频交易的重要特征。但是融券高频操作却不属于高杠杆操作。从事融券业务高频交易的投资者，往往根据自身需要从证券公司借入一揽子股票，具体借入数量，往往由投资者自身实力、操作风格等因素决定。

例如，拥有5 000万资金的投资者，有的锁定2亿元券源，有的锁定5亿券源，差别很大。表面上看，这位投资者拥有了4倍和10倍杠杆，但具体交易却并非如此，不论投资者锁定了多少券源，每笔交易只能是5 000万元，只有平掉了一笔交易，才能进行下一笔交易，因此每笔交易并不具备通常意义上的杠杆，5 000万只做了5 000万的事情。

（二）中线看空策略

中线看空策略是在股价高估时，融券卖出股票，等到价位合理或低估时买入归还。中线看空策略的主要盈利模式是股票按照预期下跌，投资者获取股票被高估的价差收益。主要适合具有卖空思维，对股价合理性具有判断力的投资者。

中线看空策略的主要风险是，股价如果继续上涨，会出现亏损。

图6-1是股票烟台万华的走势图，从中可以看到，融券卖空以后，股价出现单边下跌，投资者获益不菲。

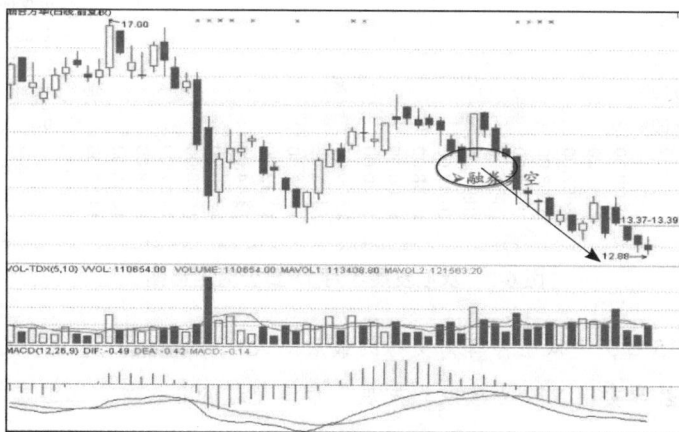

图6-1　烟台万华股票走势图

（三）突发性事件看空策略

资本市场里的黑天鹅事件层出不穷。例如，食品安全事件、重大交通事故等突发事件，都会给相关上市公司的股价带来巨大的利空冲击。但是，黑天鹅事件对融券的投资者来说却是机会，因为突发性利空事件导致的股票下跌可以使融券投资者大获其利。

案例 1:   **双汇发展"瘦肉精"事件融券做空**

2011 年 3 月 15 日上午 9 点 10 分，央视每周质量报告播出节目《"健美猪"真相》，双汇公司"瘦肉精"事件爆发。当天上午 10 点 40 分，双汇发展快速放量下跌，直至午盘封住跌停。下午收盘后公司发布公告，股票随后停牌，直到 4 月复牌。图 6-2 为双汇发展（股票代码 000895）3 月 15 日当天的分时走势图。

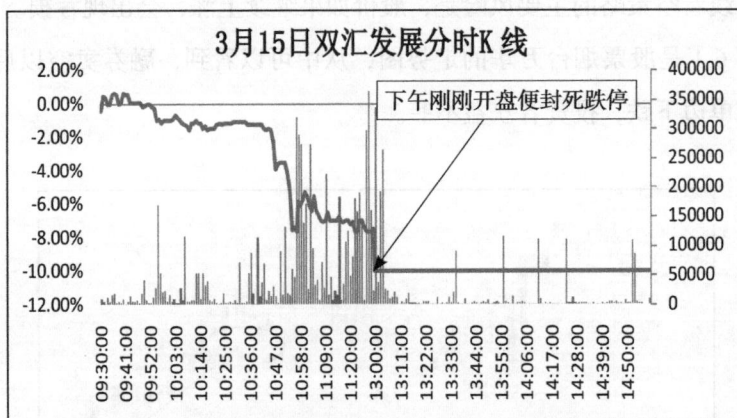

图 6-2   双汇发展 3 月 15 日分时走势图

3 月 15 日，是双汇停牌前交易的最后一天，有数据显示，有人在融资融券平台上融券卖出 5.31 万股双汇发展，市值超过 400 万元。双汇发展于 4 月 19 日复牌，随后连续两个跌停（如图 6-3 所示），融券做空者获利巨大。

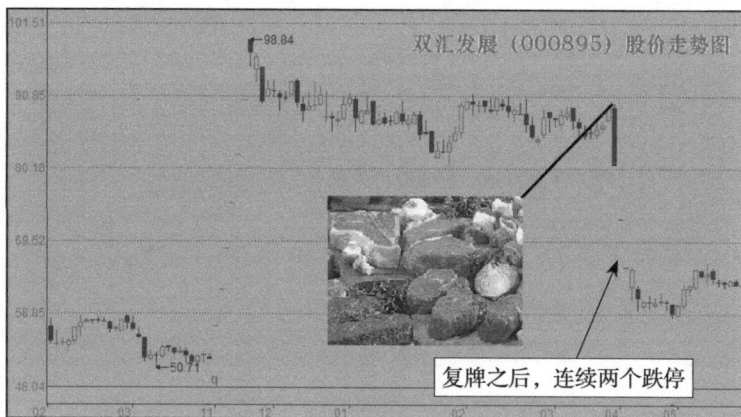

图6-3 双汇发展复牌前后股价走势图

业内人士表示，央视新闻报道是当天早上播出的，股价是在下午开盘后才跌停的，这给融券操作留出了足够的时间，这位投资者是位有心人，利用市场反应滞后抓住了机遇。消费者、上市公司和股东都是"瘦肉精"的输家，而融券者则成为了唯一的赢家。

案例 2： 华兰生物"血浆站关停"事件融券做空

华兰生物是一家从事血液制品及疫苗研发、生产和销售的企业。2011年7月12日，华兰生物发布公告，所属三家单采血浆站将于8月1日起停止采浆。第二天7月13日股票停牌，7月18日再次停牌，7月25日复牌，复牌首日以跌停报收。

从7月中旬有传闻要关停血浆站到8月10日收盘，股价从36元左右下跌到22元左右，股价跌幅达到35%以上（如图6-4所示），消息敏感的投资者及时把握融券卖出机会，获得了不菲的收益。

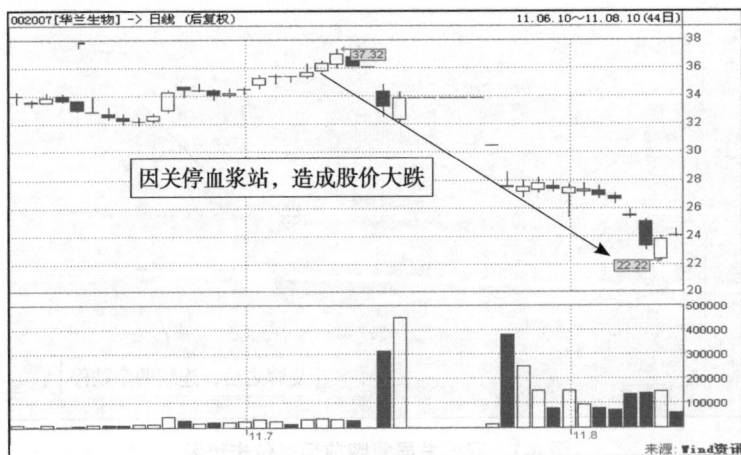

图 6-4　华兰生物 2011 年 6 月 10 日－8 月 10 日股价走势图

三、多空策略

谈起投资中做"多"的买入资产和做"空"的卖出资产，很多投资者并不陌生。"多""空"两字其实代表了投资者对资产价格未来走向的估量，多方认为价格将会上涨，而空方则预期下跌。作为成熟市场中的一个主流投资策略，多空策略是采用买入某些资产，同时又卖空另一些资产的方式以控制风险，获取收益。

在实际操作上，策略的关键是如何构建同时实施多头和空头。以股票多空策略为例，一方面，投资者在构建多头过程中，首先可以运用基本面分析、量化分析等研究方法，寻找市场上被低估或具有成长空间的股票，待选定标的后，投资者通过买入这些股票形成多头头寸；另一方面，投资者同时需要通过融券卖空股票或者直接卖空股指期货等方法来建立相应的空头头寸。

建立空头一般有两个目的，其一是对某些股票价格有看空预期，希望通过卖空这些股票产生收益；其二是通过卖空股票或者股指期货，对多头头寸形成风险对冲，从而降低整体投资风险。

例1：投资者看多某股票 A，同时看空股票 B，投资者如何操作能够节省资金，获取期望收益？

操作策略

（1）该投资者以自有资金买入一定市值的股票 A；

（2）将股票 A 转入信用账户充作担保；

（3）融资买入一定量的股票 A；

（4）利用剩下的可用保证金融券卖出股票 B；

（5）根据股票 A 和 B 的预期以及走势变化调整多头和空头的比例。

例2：投资者看多股票 C，认为该股票会明显跑赢大盘，但同时担心大盘下跌，导致股票 C 绝对收益仍为负，如何操作？

操作策略

（1）该投资者可以以自有资金100万买入股票 C；

（2）将股票 C 转入信用账户中用于担保；

（3）选择指数成份股中与股票 C 为同一行业的，且认为股价相对合理的股票 D；

（4）融券卖出股票 D，融券卖出的市值等于买入的股票 C 市值。

综上所述，多空策略是一个经过长期市场考验的成功策略，它通过同时构建多头头寸和空头头寸，来对冲投资组合风险并创造新的收益来源。随着中国资本市场的不断发展，创新层出不穷，可以预见多空策略在中国市场会有广阔的发展空间，投资者要学会善加运用，必定能收获理想的回报。

四、日内"T+0"技巧

"T+0"交易，又称日内交易，投资者可以借助融资融券账户实现。市场波动频繁，个人投资者选股难度增加时，利用"T+0"可以当日将风险对冲。"T+0"交易技巧适合短线客户、技术派和风险保守型客户。根据看涨和看跌两种情形，"T+0"交易可分为融资"T+0"交易和融券"T+0"交易。

按照不同目的和方式，"T+0"交易技巧可以分为融资资金的"T+0"流转技巧、看涨股票的"T+0"流转技巧和看跌股票的"T+0"流转技巧。

（一）融资资金的"T+0"流转技巧

投资者信用账户中以证券作为担保，T日计划买入标的股票但自有资金不足，且也不愿意承担融资负债。该投资者可以先融资买入标的股票，然后采用卖券还款指令卖出担保证券归还融资负债，从而实现融资资金在当日"T+0"流转，盘后不产生融资负债。

案例1

某投资者的信用账户中有古井贡酒1 000股，T日上午10:00时该股票价格为95元/股，该投资者看好古井贡酒当日走势，计划到下午14:50时卖出。同时该投资者又看涨标的股票五粮液，价格为30元/股，想及时买入，但此时自有资金不足。由于投资者信用账户中的古井贡酒是担保证券，于是该投资者在上午10:00时采用融资买入指令买入五粮液2 000股，产生融资负债6万元。

下午14:50时，古井贡酒价格上涨到100元/股，再采用卖券还款指令卖出古井贡酒1 000股，成交后获得10万资金，其中的6万元自动偿还融资负债，剩下的4万元保留在信用账户中。该投资者T日收盘后无融资负债。

案例 2

刘先生信用账户内担保证券有中信证券 20 000 股。2011 年 4 月 1 日刘先生判断金融板块走强,尤其看好中信证券。于是通过信用账户以价格 14.00 元融资买入该股票 7 000 股,收盘时刘先生通过普通卖出已开仓证券的方式,以均价 14.30 元卖出中信证券 7 000 股偿还融资负债,实现了融资当日回转交易,在无须承担利息成本的情况下赚取了超额收益。

刘先生这笔交易的损益详见表 6-2。

表 6-2　刘先生交易损益情况表

买卖中信证券的盈利	（14.30-14.00）×7 000=2 100 元
扣减买入交易费用	14.00×7 000×0.15%=147 元
卖出交易费用	14.30×7 000×0.25%=250 元
融资利息	0（元）当日发生并当日偿还的负债不收取利息费用
当日回转交易中信证券的超额利润	2 100-147-250=1 703 元

（二）看涨股票的"T+0"流转技巧

投资者判断某个股票 T 日具有上涨趋势,但不能确定下一个交易日的走势,则需要在当日低点买入股票,高点卖出锁定收益。如果该投资者信用账户中以资金为担保,则可以在低点担保物买入看涨股票,当日在高点融券卖出同样数量的该标的股票,然后采用直接还券指令将担保物买入的股票用于归还融券负债。如果该投资者信用账户中以证券为担保,则可以在低点融资买入看涨股票,当日在高点融券卖出同样数量的该标的股票,然后采用直接还券指令将融资买入的股票用于归还融券负债,并在下一个交易日采用直接还款指令将融券卖出所得资金用于归还融资负债。

运用此种技巧，需注意以下几个问题。

1	适用情形
个股日内呈明显上涨趋势，个股因政策刺激或板块利好日内呈上涨趋势，技术面判断个股日内呈上涨趋势	

2	操作要点
低点融资买入，高点融券卖出，当日 "T+0" 现券还券	

3	交易特点
可锁定个股日内上涨的价差收益，规避隔夜持仓风险，可避免产生融券费用	

4	选股思路
个股基本面好、市场热点、短线指标走强；个股低开高走、市场量价齐升	

案例1

某投资者的信用账户中有资金 10 万元，T 日上午 10:00 时，判断标的股票国元证券具有日内上涨趋势，此时股价为 10 元 / 股，于是该投资者在信用账户采用担保物买入指令买入 2 000 股国元证券，使用自有资金 2 万元。该投资者买入国元证券后，股价如预期上涨，下午 14:00 时，国元证券价格涨到 10.5 元 / 股，出现回调迹象。该投资者此时不能直接卖出该股票，但可以采用融券卖出指令，借入国元证券 2 000 股卖出，投资者获得 2.1 万元资金，同时产生 2 000 股国元证券融券负债，从而锁定了国元证券从 10 元 / 股上涨到 10.5 元 / 股的价差。

融券卖出国元证券交易完成后，该投资者可以在 T 日剩余交易时间内将 10:00 时担保物买入的 2 000 股国元证券，采用直接还券指令，归还融券负债，

T 日收盘后投资者无融资融券负债。T+1 日，融券卖出所得 2.1 万元资金可以自由支配，与 T 日投入的自有资金 2 万元比较，1 个交易日实现盈利 0.1 万。

案例 2

在前一个案例中，如果投资者的信用账户中没有资金，但是有 10 万市值的担保证券，则该投资者在信用账户中可以采用融资买入指令融入资金买入 2 000 股国元证券，同时产生 2 万元融资负债。当 T 日 14:00 时，国元证券价格涨到 10.5 元 / 股，该投资者采用融券卖出指令，借入国元证券 2 000 股卖出，投资者获得 2.1 万元资金，同时产生 2 000 股国元证券融券负债，从而锁定了国元证券从 10 元 / 股上涨到 10.5 元 / 股的价差。

融券卖出国元证券交易完成后，该投资者可以在 T 日剩余交易时间内将 10:00 时融资买入的 2 000 股国元证券，采用直接还券指令，归还融券负债，T 日收盘后投资者无融券负债，有 2 万元融资负债。T+1 日，融券卖出所得 2.1 万元资金可以自由支配，投资者将其中的 2 万元采用直接还款指令归还融资负债，剩余的 0.1 万即投资者实现的盈利。

（三）看跌股票的 "T+0" 流转技巧

投资者判断某个股票 T 日具有下跌趋势，但不能确定下一个交易日的走势，需要在当日高点卖出股票，低点买入锁定收益。该投资者可以在高点融券卖出看跌股票，当日低点采用买券还券指令买入证券归还融券负债。

要想灵活地运用这种技巧，需要注意以下几个问题。

1	适用情形

个股日内呈明显下跌趋势，个股因突发利空或其他原因出现剧烈波动，个股出现黑天鹅事件

2	操作要点

融券卖出+买券还券，在下跌机会中获取盈利，高卖低买，当天实现"T+0"，净头寸为零

3	交易特点

具有滚雪球效应，可滚动、交替操作，实现高频"T+0"交易，锁定日间个股频繁波动的收益；单笔损益小、收益叠加、风险可控；充分利用融券额度，获取最大收益

4	选股思路

短期涨幅过大、量价背离、出现技术压力位；盘中冲高遇阻、二次冲高未果可融券卖空，收盘前择时买券还券，及时落袋为安

案例1

某投资者的信用账户中有资金 10 万元，T 日上午 10:00 时，判断标的股票紫金矿业具有日内下跌趋势，此时股价为 5 元 / 股，于是该投资者在信用账户采用融券卖出指令借入紫金矿业 1 万股卖出，获得资金 5 万元。投资者融券卖出紫金矿业后，股价如预期下跌，下午 14:00 时，紫金矿业价格下跌到 4.8 元 / 股，出现反弹迹象。

该投资者此时可以直接采用买券还券指令，使用资金 4.8 万元购买 1 万股紫金矿业归还融券负债，T 日收盘后投资者无融资融券负债，剩余的 0.2 万元即投资者实现的盈利。

第六章
融资融券的交易策略及分析、交易技巧

案例 2

胡先生平时一直操作商品期货，2011 年 3 月 10 日，胡先生注意到隔夜伦铜期货大跌，胡先生判断国内铜价涨跌相关股票也会受到影响，胡先生于是调动 100 万元现金，准备做空江西铜业（股票代码 600362）。

胡先生的 100 万元现金作为担保物可折算为 100 万元保证金（现金冲抵保证金折算率为 100%），假定江西铜业融券保证金比例为 120%，胡先生可融券卖空 83.3 万元（100/120%）的江西铜业股票。

2011 年 3 月 10 日，胡先生开盘以 41.44 元的价格融券卖空了 20 000 股江西铜业（600362），盘中江西铜业（600362）股价跌至 40.30 元时，胡先生通过买券还券的方式以 40.30 元的价格买入了 20 000 股的江西铜业（600362）偿还给证券公司，胡先生这笔交易的损益详见表 6-3。

表 6-3　胡先生交易损益情况表

买卖江西铜业的盈利	（41.44-40.30）×20 000=22 800 元
扣减：卖出交易费用	41.44×20 000×0.25%=2 072 元
买入交易费用	40.30×20 000.0.15% 元
融券费用	0（元）当日发生并当日偿还的负债不收取利息费用
当日回转交易中信证券的超额利润	22 800-2 072-1 209=19 519 元

（四）构建多空组合，进行配对交易

多空组合配对交易是指寻找具有类似品质、趋同变化的股票进行配对，通过其相对定价的偏差来获取套利机会。投资者要仔细观察两只股票的相对价格变化，一旦相对价格出现偏离即意味着一只股票被高估，另一只被低估。在均值回归的趋势下，这一偏差会被修正。而在修复过程中，可以通过买入低估股票，卖空高估股票来获取套利收益。这样做的好处是无论大盘上涨还是下跌，只要对进行配对交易的两只股票价差走势判断正确，即可获取收益。

案例1

某投资者满仓暂无现金，发现股票B存在投资机会，但股票B非标的证券。融资融券日息费率0.25‰。

解决方案

1. 选择预计下跌股票A（融资融券标的），T日先融券卖出1万股，再融资买入1万股，假设得冻结资金10万；

2. T+1日将融资买入的A通过现券还券偿还融券负债。T+2日10万元资金解冻，可以普通买入证券股票B。

资金息费成本估算

假设持有股票B，N天，息费 =（N+2）×10万 ×0.25‰。

总结

同时融资买入、融券卖出一支股票，通过现券还券的方法解冻融券卖出资金，可以有效缓解资金流动性不足的问题。

案例2

徐先生对白酒行业的上市公司较为了解。2010年8月下旬，徐先生判断超高端白酒"五粮液"调价可能性较大，而中高端白酒"泸州老窖"相对超高端白酒的提价可能及提价幅度较小。并且通过五粮液及泸州老窖近期价差走势分析发现，泸州老窖2010年8月底的股价处在相对高位，而五粮液8月底的股价处于盘整过程中，股价相对较低，存在较大上升空间，于是徐先生打算短期做多五粮液同时做空泸州老窖。

2010年9月1日，徐先生以31.00元的价格融资买入了32 200股五粮液，同时以36.00元的价格融券卖空27 700股的泸州老窖。随后，正如徐先生所预期，泸州老窖股价出现了回落，而五粮液股价开始上涨。

2010年10月19日，徐先生认为泸州老窖股价已基本调整到位，五粮液股价也基本达到了其预期涨幅，徐先生抓住时机，成功以卖券还款的方式在34.00元价格卖出了五粮液，同时以买券还券的方式以33.50元的价格买入泸州老窖偿还了融资负债。徐先生损益详见表6-4。

表6-4 徐先生交易损益情况表

融资买入五粮液的损益	融资买入五粮液的盈利	（34.00-31.00）×32 000=96 600元
	扣减：买入交易费用	31.00×32 200×0.15%=1 497元
	卖出交易费用	34.00×32 200×.025%=2 737元
	融资利息	8.85%/360×48天×（31.00×32 200+1 497）=11 796元
	融资买入五粮液的超额利润	96 600-1 497-2 737-11 796=80 570元
融券卖出泸州老窖的损益	融资融券卖出泸州老窖的盈利	（36.00-33.50）×27 700=69 250元
	扣减：卖出交易费用	36.00×27 700×0.25%=2 493元
	买入交易费用	33.50×27 700×0.15%=1 392元
	融券费用	10.85%/360×48天×36.00×27 700=14 426
	融券卖出泸州老窖的超额利润	69 250-2 493-1 392-14 426=50 939元
合计超额利润		80 570+50 939=131 509元

（五）ETF"T+0"交易技巧

随着国内资本市场量化投资的快速发展，日内高频交易的参与者越来越多，而我国证券市场的交易都是"T+1"的，即当天买入的证券次日方可卖出，这样很多日内的趋势性投资就无法展开，然而 ETF 特有的日内"回转交易"使得日内交易能够在 ETF 上得以实现。

ETF"T+0"的日内回转交易原理如图 6-5 所示。

看跌原理

融券做空ETF，待指数ETF下跌后，当天低位买入ETF，买券还券归还负债。通过融券卖出+买券还券，可以实现当日多次回转交易

回转交易

普通买入或融资买入ETF，待指数ETF上涨后，高位融券卖出，当日冲销，次日以现券还券方式归还融券负债，以现金还款方式归还融资负债

看涨原理

图6-5 ETF"T+0"日内回转交易原理

灵活运用日内回转交易还要对以下几点事项有所了解。

1　交易优点

低成本、高收益，ETF买卖不需要缴纳印花税，费用相对低廉，可以通过"T+0"回转交易获取日内收益

2　收益构成

对日内指数ETF的上涨/下跌行情进行操作，低买高卖/高卖低买；利用融资融券工具，赚取日内价差波动收益

3　风险因素

仅承担"持有"风险。由于不需要买入或卖出一揽子股票，也不需要申购赎回，因此不承担交易风险和折溢价波动风险

案例 1: 沪市 ETF "T+0" 看涨案例

图 6-6 是上证 50ETF（证券代码 510050）2011 年 12 月 1 日的分时走势图。

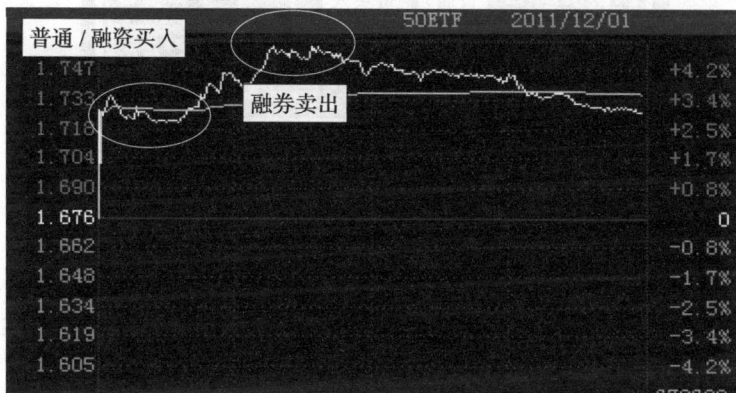

图 6-6　上证 50ETF 2011 年 12 月 1 日分时走势图

操作步骤

（1）12 月 1 日投资者判断上证 50ETF 将上涨，可对 50ETF 进行日内操作。

（2）早盘普通买入或融资买入 50ETF，高点融券卖出 50ETF。

（3）次日现券还券归还融券负债。

交易特点

ETF 买卖不收取印花税、过户费，费用低廉。

案例 2: 深市 ETF "T+0" 看涨案例

图 6-7 是中小板 ETF（证券代码 159902）2011 年 11 月 2 日的分时走势图。

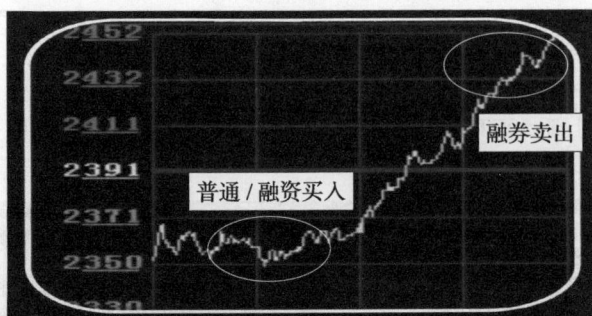

图 6-7　中小板 ETF 2011 年 11 月 2 日分时走势图

操作步骤

（1）11 月 2 日投资者判断中小板 ETF 将上涨，可对中小板 ETF 进行日内操作。

（2）早盘普通买入或融资买入中小板 ETF，高点融券卖出中小板 ETF。

（3）次日现券还券归还融券负债。

交易特点

ETF 买卖不收取印花税、过户费，费用低廉。

案例 3：　　　　　　　**沪市 ETF "T+0" 看跌案例**

图 6-8 是上证 50ETF（证券代码 510050）2011 年 11 月 30 日的分时走势图。

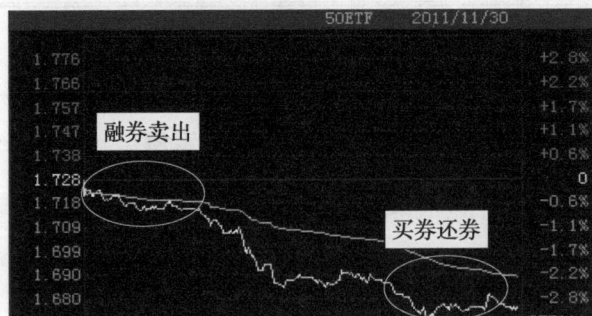

图 6-8　上证 50ETF 2011 年 11 月 30 日分时走势图

操作步骤

（1）11月30日投资者判断上证50ETF将下跌，可对上证50ETF进行日内操作。

（2）早盘融券卖出上证50ETF，尾盘低点买券还券归还当日融券负债。

（3）当日锁定ETF的价差收益，无额外费用产生。

交易特点

ETF买卖不收取印花税、过户费，费用低廉。

案例4： 深市ETF"T+0"看跌案例

图6-9是深100ETF（证券代码159901）在2011年11月30日的分时走势图。

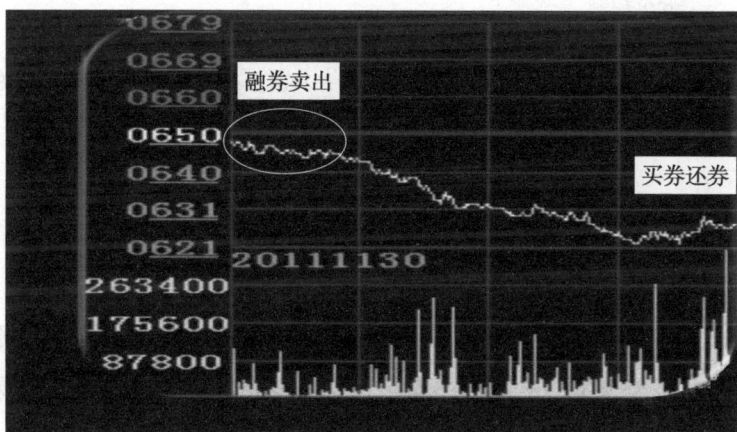

图6-9　深100ETF 2011年11月30日分时走势图

操作步骤

（1）11月30日投资者判断深ETF日内将呈下跌趋势，可融券卖空深100ETF。

（2）早盘融券卖出深100ETF，尾盘低点买券还券。

（3）当日深100ETF下跌3.9%，短线"T+0"可以获取3%左右收益。

交易特点

买卖不收取印花税、过户费，无利息费用产生，成本较为低廉。

（六）风险控制和操作关键点

投资者想要通过融资融券交易成功实现资金和股票的"T+0"流转，还需要把握以下两个关键。

1	市场风险

"T+0"交易技巧不是无风险套利策略，其作用是降低融资融券利息费用，锁定投资收益。在投资中使用该技巧时，对于个股的选择也是依赖于投资者的判断和各种类型的选股择时方法，需要承担相应市场风险

2	仓位控制

首先，使用"T+0"交易技巧时，对于融资融券的仓位选择，投资者需要根据自身风险控制能力和投资能力量力而行；其次，在操作中不能超过融资融券额度，特别是看涨股票的"T+0"流转需要提前预留足够的融券额度，防止这些交易技巧无法实施

附： **融券规则由"T+0"改为"T+1"**

2015年8月4日，沪深交易所发布公告修改融券交易规则，将原来的当日可还券修改为下一交易日还券，这意味着融券卖出＋还券的交易闭环从此前的"T+0"变为"T+1"。

按照深交所的说法，此举主要是为防止部分投资者利用融资融券业务，变相进行日内回转交易，加大股票价格异常波动，影响市场稳定运行。该项调整有利于进一步规范融券业务，不会影响融资融券业务的正常开展，有助于维护市场稳定以及融资融券业务的平稳健康发展。

在原来"T+0"的交易规则下，投资者可以早上借券卖出，然后在下

午收盘前买入平掉仓位，进而锁住利润。而在实行"T+1"后，投资者不能在同一天平掉仓位，最早也得等到第二天，这一规则会限制投机性空头，同时帮助平缓日内波动。

对券商业务而言，融券交易改为"T+1"主要有以下影响。

1 该修订主要目的是维护市场秩序，抑制市场过度做空，对于两融业务的平稳发展起到促进作用

2 融券业务占比较低，很多券商已经暂停融券业务，对于券商的经纪业务收入影响较小。2015年7月份融券日均余额为31亿元，占两融日均余额比例为0.2%，融券日均卖出股数为7.8亿股，融券交易规则修订后，预计对于券商经纪业务收入的影响为2%~3%，影响较小

3 实行融券"T+1"后，券商利息收益将会提升，预计券商自有券源出借收益率为9%左右

五、利用持仓证券进行融资买入或者融券卖出策略

利用持仓证券进行融资买入或者融券卖出是指利用持有的证券冲抵保证金，融资买入或者融券卖空标的证券。

（一）利用持有的基金冲抵保证金，融资买入标的证券

案例

张先生在大盘处于低位时认为大盘蓝筹股估值较低，较为安全，同时看好大盘未来的表现，于是买入50ETF（证券代码510050）作为长期配置的资产。2011年3月28日，张先生认为民生银行（股票代码600016）业绩增长确定，盈利能力强，可以融资买入。

假设 50ETF 折算率为 70%，民生银行的融资保证金比例为 90%，则张先生持有的市值为 150 万元的 50ETF 可作为 105 万元的保证金（150×70%=105），可融资买入约 116 万元（105/90%）市值的民生银行。

于是 3 月 28 日张先生以 5.50 元的价格融资买入 210 000 股的民生银行（5.50×210 000=1 155 000 元），4 月 15 日以均价 6.00 元卖出 210 000 股民生银行并偿还了融资债务，张先生这笔交易的损益详见表 6-5。

表 6-5　张先生交易损益情况表

买入民生银行的利润	（6.00-5.00）×21 000=105 000 元
扣减：买入交易费用	5.50×210 000×0.15%=1 733 元
卖出交易费用	6.00×210 000×0.25%=3 150 元
融资利息	8.85%/360×18 天 ×（1 155 000+1 733）=5 119 元
融资买入民生银行的超额利润	105 000-1 733-3 150-5 119=95 998 元

此外，3 月 28 日至 4 月 15 日期间，张先生持有的作为担保物的 50ETF 上涨约 4%，张先生因此获利 6 万元。

（二）利用计划长期持有的股票冲抵保证金，融资买入标的证券

案例

徐先生在 2010 年 12 月 21 日以 59.00 元买入了 10 000 股云南白药（股票代码 000538），买入后云南白药股价一路走低，徐先生被套，但是徐先生看好该股，认为短期该股价格走低只是暂时调整，长期持有定会获得盈利。2011 年 3 月下旬，银行板块启动了一波行情，徐先生认为银行板块中的农业银行（股票代码 601288）估值较低，买入风险较小同时短期收益可能较高，于是徐先生决定融资买入。

假定云南白药折算率为70%，农业银行融资保证金比例为90%。2011年3月25日，云南白药（000538）股价为55.00元，徐先生10 000股云南白药折算成保证金后为38.5万元（55.00×10 000×70%），可融资买入42.7万元（38.5/90%）市值的农业银行。

2011年3月25日，徐先生以2.70元的价格融资买入了158 000股（2.70×158 000=426 600元）农业银行，4月14日以3.00元价格卖出158 000股农业银行并偿还了融资债务。徐先生这笔交易的损益详见表6-6。

表6-6　徐先生交易损益情况表

买入农业银行的利润	（3.00-2.70）×158 000=47 400元
扣减：买入交易费用	2.70×158 000×0.15%=640元
卖出交易费用	3.00×158 000×0.15%=1 185元
融资利息	8.85%/360×20天×（426 600+640）=2 101元
融资买入农业银行的超额利润	47 400-640-1 185-2 101=43 474元

在徐先生融资买卖农业银行获利的同时，作为担保物的云南白药在4月14日时的股价也攀升至了58.5元，徐先生的云南白药基本解套，账户总体算来还获得了盈利。

（三）利用手中持有停牌股票冲抵保证金，融资买入标的证券

案例

李女士手中持有50 000股隧道股份（股票代码600820），隧道股份自2011年1月17日起因筹划资产重组开始停牌，停牌期限不明。2011年1月26日，李女士发现中信证券（股票代码600030）跌至底部区域，有启动迹象，由于其已将所有自有资金买入了隧道股份，于是李女士决定融资买入。假定隧道股份折算率为40%，中信证券融资保证金比例为80%。

2011 年 1 月 27 日，李女士手中持有 50 000 股隧道股份按停牌前的收盘价格 11.50 元计算，市值为 57.5 万元，可折算成 23.0 万元保证金（57.5×40%），可融资买入 28.7 万元（23/80%）的中信证券。

2011 年 1 月 27 日，李女士以 12.00 元的价格融资买入了 23 000 股（12.00×23 000=276 000 元）的中信证券。4 月 21 日，李女士以 14.00 元的价格卖出 23 000 股的中信证券并偿还了融资债务。李女士这笔交易的损益详见表 6-7。

图 6-7　李女士交易损益情况表

买卖中信证券的盈利	（14.00-12.00）×23 000=46 000 元
扣减：买入交易费用	12.00×23 000×0.15%=414 元
卖出交易费用	14.00×23 000×0.25%=805 元
融资利息	8.85%/360×84 天 ×（276 000+414）=5 708 元
融资买入中信证券的超额利润	46 000-414-805-5 708=39 073 元

在李女士以 12.00 元的价格融资买入了 23 000 股中信证券的同时，隧道股份也于 4 月 12 日复牌并上涨。通过这笔交易，李女士不仅盘活了手中持有的停牌股票，并获得了盈利，同时也把握了中信证券的上涨行情，进一步扩大了自己的盈利。

六、融资融券的其他技巧

融资融券是一种放大风险与收益的杠杆投资。如果投资者运用得好，会比普通证券交易更快地实现财富增长；如果运用得不好，便会放大亏损，甚至无法翻身。因此，投资者在进行融资融券交易时，要努力学习相关交易技巧。

（一）合理安排普通交易与信用交易顺序

案例

投资者自有资金 100 万，看多股票 A，股票 A 市价 10 元，折算率为 50%，下面是两种不同的方案。

方案一：先普通买入，再融资买入。

（1）先普通买入 10 万股 A；

（2）股票 A 折合保证金为 50 万，最多再可融资买入 5 万股 A。

共计买入 15 万股。

方案二：先融资买入，再普通买入。

（1）先以自有资金做保证金，最多融资买入 10 万股 A；

（2）再普通买入 10 万股 A。

共计买入 20 万股。

由上述两种方案可知，采用先普通买入、再融资买入的办法要比先融资买入、再普通买入的办法少买 5 万股股票。

技巧总结

由于现金的折算比例最高，是 1∶1，因此看多股票时，要先融资买入，再普通买入；看空时，先普通卖出，再融券卖出。

（二）合理安排单边还款委托金额

案例

投资者尚需偿还融资款 995 元，欲卖出开仓证券 A 1 万股，市价 10 元。信用交易佣金 2‰，普通交易佣金 1‰（剩余负债较小，信用交易佣金大于普通交易）。

方案一：一次性委托卖出 1 万股。

信用交易佣金为：1 万 ×10 元 ×2‰=200 元。

共支付佣金为：200 元。

方案二：先卖出 200 股，再普通卖出剩余的股份。

信用交易佣金为：200×10 元 ×2‰=4 元（但证券公司规定每笔佣金最低 5 元，因此按 5 元算）。

普通交易佣金为：9 800×10 元 ×1‰=98 元。

共支付佣金为：5+98=103 元。

技巧总结

由于剩余负债较小，并且信用交易佣金高于普通交易，因此要分批卖出股票，先卖出足够偿还负债金额的股票，再普通卖出剩余股票。

第七章

融资融券对市场各方的影响

融资融券是完善证券市场交易机制的基础性制度安排，特别是融券业务把做空机制引入股票市场，改变了市场定价机制和交易行为，无论是对各参与主体还是股票市场都将产生深远的影响。本章将具体分析融资融券业务的实施和发展对金融市场各方产生的影响。

一、融资融券对投资者的影响

融资融券制度通过改变资本市场、监管部门、货币市场的部分运行方式和运行结果，加快了证券信息的传递，提高了资金的利用效率，为投资者提供了新的投资机会和风险规避手段。

（一）提供新的投资机会和风险规避手段

一直以来，我国证券市场属于典型的单边市场，只能做多，不能做空。投资者要想获取价差收益，只有先买进股票然后再高价卖出。一旦市场出现危机时，往往又出现连续的"跳水"，股价下跌失去控制。因此，在没有证券信用交易制度下，投资者在熊市中除了暂时退出市场外没有任何风险规避的手段。

融资融券的推出，可以使投资者既能做多，也能做空，不但多了一个投资选择以盈利的机会，而且在遭遇熊市时，投资者可以融券卖出以规避风险。

在具体操作上，当股票经过持续下跌之后投资者可考虑买入标的证券。股市一旦走出反弹或反转行情，标的证券将是率先发动行情的股票群体，投资者也可以因此抓到商机，卖出股票获利。

当股票经过一段时间的持续上涨时，投资者也要考虑抛出标的证券。这样，即便是机构投资者融券做空，中小投资者因为已经率先抛出了股票，也可以较好地规避融券带来的做空风险。

由于融券业务是一种做空机制，因此在标的证券股价炒高之后，那些可以参与融资融券业务的投资者自然会通过向券商融券的方式来做空股票，从而导致股价下跌。因此，投资者要注意波段操作。如果捂股不动的话，投资者肯定会"坐电梯"。只有不断地高抛低吸，投资者才有可能获得较大的投资收益。

此外，对于热衷于投机炒作的人来说，要尽量回避对标的证券的炒作。在可以融券做空的情况下，炒作标的证券将面临市场做空的压力，这就增大了炒作风险。相反，非标的证券因为没有做空机制，基本上还可以维持原来的炒作模式，而不会受到融资融券所带来的冲击。

（二）有利于提高资金利用率

融资融券具有财务杠杆效应，使投资者可以获得超过自有资金一定额度的资金或股票从事交易，人为地扩大投资者的交易能力，从而可以提高投资者的资金利用率。

例如，投资者向证券公司融资买进证券被称为"买空"。当投资者预测证券价格将要上涨，通过提供一定比例担保金就可以向证券公司借入资金买入证券，到期偿还本息和一定手续费。当证券价格符合预期上涨并超过所需付的利息和手续费，投资者可能获得比普通交易高得多的额外收益。

但收益与风险是对等的，即如果该证券的价格没有像投资者预期的那样出现上涨，而是出现了下跌，则投资者既要承担证券下跌而产生的投资损失，还要承担融资的利息成本，加大投资者的总体损失。

（三）有利于增加反映证券价格的信息

融资融券交易从反映信息速度和信息程度两个方面促进价格形成的有效性。

信用交易中产生的融资余额（每天融资买进股票额与偿还融资额间的差额）和融券余额（每天融券卖出股票额与偿还融券间的差额）提供了一个测度投机程度及方向的重要指标。融资余额大，股市将上涨；融券余额大，股票将下跌。融资融券额越大，这种变动趋势的可信度越大。

如果融资融券标的证券有足够的利好消息，投资者就会融资买入标的证券。按照我国单只标的证券融资余额占上市可流通市值的 25% 上限测算，标的证券融资交易量最大可增加 25%，利好信息传递速度最大可加快四分之一。如果融资融券标的证券出现超预期利空信息，投资者就会借入标的证券进行卖出，同理，利空信息传递速度最大也可加快四分之一。因此，在融资融券正式推出以后，公开的融资融券的市场统计数据可以为投资者的投资分析提供新的信息。

二、融资融券对证券公司的影响

融资融券交易赋予了证券公司信用角色，扩大了证券公司收入来源，改善了证券公司盈利模式，为证券公司带来了积极的影响。

（一）增加利息收入

融资融券利息收入是证券公司稳定的利润来源。以佣金自由化的香港为例，单纯的佣金收入已无法达到盈亏平衡，但是证券公司通过融资融券业务获得稳定的利差收益，使行业得以生存。再从美国证券行业数据来看，自 2001~2007 年，美国证券行业信用交易利差收入占营业收入比重在 3%~7% 区间内。特别是 2007 年，美国投行在交易、投资及承销等业务方面均受到金融市场环境动荡的较大影响，在此背景下，信用交易利差收入占营业收入比重达到 7%，成为佣金、资产管理以外的第三大业务收入来源。

另外，信用交易可以使投资者进行双向交易，改变原来证券经纪业务只在牛市中赚钱而在熊市中交易量稀薄，收入急剧减少的情况，使证券经纪业务收入能够保持一个相对稳定的水平。

（二）增加佣金收入

融资融券业务将带动市场成交的活跃和经纪业务总量的提升，增加证券公司手续费收入。无论融资还是融券业务最终都要实现证券的买卖，直接增加市场的交易量，这一过程直接为证券公司带来经纪业务的额外收益。从国际经验看，融资融券业务推出使得证券公司在获得融资利息收入的同时，对市场交易量放大作用明显，从而推动经纪业务增长。其中，日本在 1988~2007 年融资融券交易额占比为 12%~21%。

（三）增加中间业务收入

融资融券业务会产生借款费、借券费、咨询服务费等。融资融券业务类似于银行的中介服务业务，证券公司只承担由市场风险引发的投资者信用风险，在完善的风险控制体系下，这种中介业务的风险较小，收费较为稳定。

（四）扩大客户源和市场占有率

《证券公司融资融券业务试点管理办法》中规定"客户只能与一家证

券公司签订融资融券合同，向一家证券公司融入资金和证券"；《关于开展证券公司融资融券业务试点工作的指导意见》中规定，首批申请试点的证券公司必须满足最近 6 个月的净资本均在 50 亿元以上且最近一次证券公司分类评价为 A 类等条件。

因此，存在着经纪业务新老客户向获得融资融券业务资格的优质证券公司集中的趋势，以经纪业务为主要业务的经纪类券商和综合类券商的经纪业务市场空间将进一步被压缩，对具有融资融券业务资格的优质证券公司来说，有望扩大客户资源和市场占有率，从而导致强者更强的局面。

（五）增加融资渠道

目前，证券公司的资金来源渠道除了增资扩股和发行金融债券外，仅限于银行间同业拆借、股票质押贷款、国债回购等有限的融资手段。证券金融公司的设立使得证券公司可以通过转融通交易从证券金融公司中融得资金和证券，拓宽融资渠道。

转融通是为证券公司开展融资融券业务而资金和证券不足时提供资金和证券来源的一种安排。通过转融通的融券业务，券商就可望获得超过 5% 至 7% 的差价。那些获得融资融券业务资格且网点优势较为明显的券商、资产管理业务发展领先且创新能力较强的券商从中获利的可能性较大。

（六）加大证券公司的风险

融资融券交易虽然对证券市场具有重大作用，但信用交易本身具有高风险特性，在我国证券市场尚未发育成熟，市场监管尚不完善的情况下，融资融券交易不可避免地也可能会产生一些问题。

在融资融券交易中，证券公司是资金或证券的提供者，融资融券客户数量越多，业务规模越大，证券公司承担的客户信用风险、资金流动性风险、业务管理风险等也就越大。证券公司如果盲目开展融资融券业务，不仅不能为公司增加利润，反而有可能给公司带来损失。

证券公司融资融券业务的资金主要来自于自有资金和融资资金，一经融出就有可能被客户占有一段时间，如果在到期日仍被客户占有，而证券公司又不能及时获得新的筹资渠道，则会给公司带来资金流动性风险。同时，证券公司也有可能面对由于客户不能偿还融资款而带来的资产损失。

三、融资融券对基金公司的影响

随着融资融券交易的不断发展，融资融券为基金公司提供了更多的资金，也使得基金公司的规模得以壮大，基金公司的产品得以丰富。

（一）增加对场内基金的需求

封闭式基金、ETF 基金和 LOF 基金这 3 类在证券交易所挂牌交易的证券投资基金，统称为场内基金。场内基金在参与融资融券业务时拥有较高的折算率，ETF 基金折算率为 90%，封闭式基金和 LOF 基金的折算率为 80%，均高于股票。

如果投资者预期短期市场将上涨或下行，可以融资买入或融券卖出 ETF 基金获取杠杆收益。同时，根据证监会规定，融资买入或融券卖出的标的物期限不能超过 6 个月，因此对剩余期限较短的封闭式基金进行做多更为有利。因此，较高的折算率增加了投资者尤其是具有融资需求的投资者对场内基金的需求。

（二）促使基金做大做强

《融资融券交易试点实施细则》对单只证券的融资融券规模进行了以下限制。单只标的证券的融资余额达到该证券上市可流通市值的 25% 时，交易所可以在次一交易日暂停其融资买入；单只标的证券的融券余量达到该证券上市可流通量的 25% 时，交易所可以在次一交易日暂停其融券卖出。因此，规模大的场内基金在融资融券业务中将具有更好的流动性，投资者对大规模场内基金的需求将增加，这使得基金具有做大做强的动能。

（三）丰富基金设计产品

融资融券对单只股票的买空机制和卖空机制会影响到基金产品的设计和变化。融资融券会把未来可能产生的正向收益或负向收益合约化，这就导致了未来收益的变化，因此基金产品就必须要有相应的变化。

对于公募基金而言，融资融券业务推出之前只能通过做多来获利，其业绩只能以相对收益为基准。而从融资融券推出几年以后的经验来看，基金的交易类型更加丰富，市场上也出现了更多追求绝对收益的基金，充分发挥了基金管理人的选股技能。

四、融资融券业务对银行业的影响

随着我国融资融券等金融创新型业务的发展，金融市场格局发生了很大改变，作为市场参与主体的商业银行应该引起高度重视，接受挑战并把握机遇。融资融券业务会给我国的商业银行带来丰厚回报，主要体现在以下几个方面。

（一）增加银行的资金存管和代理清算业务

《证券公司融资融券业务试点管理办法》规定，证券公司经营融资融券业务，应当以自己的名义在商业银行分别开立融资专用资金账户和客户信用交易担保资金账户，这在一定程度上将增加银行的资金存管和代理清算业务。

（二）提供新的业务机会和利润增长点

商业银行未来可能通过参股证券金融公司介入信用交易的转融通业务，获得稳定的投资回报。另外，与证券金融公司之间的资金融通业务，也为商业银行的资金运用提供了风险可控、收益可观的渠道，并可以实现资产和负债的合理匹配。这样大大刺激了银行业务总量的增长，投资回报丰厚。因此，开通融资融券对银行业将是长期利好。

（三）扩大客户范围，促进理财业务拓展

银行通过与证券公司、融资融券客户签订信用资金存管协议，尤其是开立实名信用资金账户等途径拓展客户范围，有利于银行理财业务的扩张。同时，银行参股证券金融公司进入融资融券领域，有助于其品牌形象的树立，体现其技术先进之处，在无形中资产价值大幅度提升，同时也扩大了银行影响力，为综合化经营奠定基础。

（四）加强银行间竞争

融资融券业务作为一项新业务，它的实施拓宽了银行资金流入股市的渠道，有利于银行信贷资金的充分利用和优化配置，这对于我国商业银行缓解巨额闲置资金、增加资金运营效率和银行收入无疑是一大利好。因

而，银行具有很强的动机把资金投放到证券市场以追求高回报。而对于优质客户的争夺无疑是一种稳妥的选择。这就会加大银行间的竞争。因此，银行业要加强自身建设，始终秉持立足当前、着眼未来的发展之道，对开展融资融券业务所带来的影响进行深入探讨，才能立于不败之地。

（五）增加商业银行的风险

融资融券业务在为银行带来投资回报的同时，也伴随着风险。相对于其他国家或地区的成熟金融市场，我国商业银行的风险控制和风险承受能力不强，制度不完善，缺乏相关管理经验。融资融券业务是一种高风险业务，这项业务的引入无疑将使我国商业银行风险经营和风险监管方面存在的问题更加突出，一旦市场出现较大波动，商业银行无疑会聚集大量风险，具体表现在以下 3 个方面。

1 信用交易更加复杂
银行扩大信用规模，融资融券虚拟资本的增长将远远超过普通信用交易
2 证券贬值风险性大
抵押证券的价值与市场息息相关，当市场不景气时，证券价值骤贬，银行需要采取有效措施保障自身资金安全
3 基本业务流失的风险
银行本来是存管功能的主要执行者，但由于证券金融公司的成立，会对其现有的业务份额进行冲击，造成资金亏损

因此，商业银行在开展融资融券业务时，要做好积极规划，优化资源配置，规避风险，在实践中不断积累经验与完善制度，为合理的产业化进程奠定良好基础。

五、融资融券余额对股市运行的影响

融资融券业务的开展，不仅使得中国股市进入了信用交易的时代，也对人们判断市场格局变化提供了新的视角。融资融券余额作为市场资金进出的一个客观指标，具有相当重要的早期提示意义。融资融券余额的变化反映的是市场上一批最活跃的投资者操作行为的变化，从中又能够折射出行情演绎的大致轨迹。这里所展示出来的信息十分丰富，对此进行深入的研究，不难发现其中有着很多规律，这些规律无论是对市场上的投资者还是监管者都具有参考价值。

（一）融资融券余额对股票市场的影响要素

总体来说，融资融券余额会对大盘运行带来正向波动效应。由于中国特殊的国情，融资融券余额对股票市场的影响要素大致可以分为以下5类。

（1）我国投资者结构的不合理性和投资者群体的不成熟性使得市场短期逐利行为明显，这种短期行为往往会导致市场出现极端的乐观或悲观情绪，融资余额的急速增长和下降会引起股市的暴涨暴跌。

（2）目前中国股市中，大部分融资融券标的股票的保证金比例还是偏高。

（3）我国的金融监管部门指定了900只股票作为融资融券的标的股，而且这900只股票具备共同的特点，即流通市值很大，股价不易被操纵。然而，过小的标的股票范围导致了投资者的选择非常有限，而且每个券商还要在900只股票里面再圈定范围。如果投资者在某一券商处开立信用账户进行融资融券交易，而他看中的股票不在该券商圈定的融资融券标的股范围内，则该投资者就不能进行交易。

（4）由于大盘绩优股的走势一般比较稳定，导致投资者的套利空间很小，并且由于市值巨大，导致融资融券交易不能对其股价产生明显的影响。而我国对融资融券交易实施强行平仓制度，股价的波动会导致投资者账户里的实际价值产生波动，从而引起其保证金的增加或减少，当客户应缴纳的保证金数额上涨而客户没有能力补齐这些数额时，其交易会被强制终止。

这一制度的存在无形中助长了股价的波动。因为在下跌过程中融资的投资者会出现需要追加保证金的情况，当无法足额补交保证金时，其融资所买入的股票就会被强制卖掉，从而增加股票的供给，使股价进一步下跌。同理，在上涨行情中有些融券投资者会被要求追加保证金但无能力缴纳，则券商会强制其买入该股票以平仓，使股价出现更大幅度的上涨。

（5）投资者的预期有惯性作用。在股价上升时期，投资者预期股价将会持续上涨，便会通过融资手段买入该股票。此时股票的需求量增加，会进一步推动股价上升；相反，在股价下跌时期，投资者预期股价有下跌趋势，便会通过融券手段大量卖出股票，此时股票的供给量增加，股价便进一步下跌。即融资融券交易会出现"杠杆效应"，导致市场对股票的需求和供给都被放大，同时对股票价格变动的影响也将加大。因为融资融券而形成的这种"助涨助跌"效应会影响股市的正常波动，融资融券余额会加剧市场的波动性。

（二）大盘火热时融资余额加速上涨的原因

总体来说，融资是一个加杠杆的过程，所以理论上讲，当市场越火热的时候融资余额应该越高。但是，大盘主要受权重股影响，而融资买入标的经过几次的扩容后已经覆盖到中小市值股票，所以在大盘冷清时融资余额也在不断升高，当大盘火热时融资余额会加速上涨。造成这个现象的原因主要有以下两个方面。

1. 大部分投资者融资时采用证券作为保证金，证券抵押率和市值成正比，市值越大抵押率越高，在大盘股疯涨时，用大盘股作为保证金融资再买入大盘股是一个正反馈的过程，大盘股股价上涨后可融资买入的金额也相应提升，所以当大盘走强时，融资余额会加速上涨

2. 市场越火热，增量资金入市越积极，融资加杠杆肯定更吸引人。总而言之，融资作为一种加杠杆的工具是中性的，只要市场有热点且这个热点能融资买入，那么融资余额必然增加，这和大盘走势无关。而当融资余额快速增加时，往往意味着大盘会出现一波牛市格局

（三）中国股市融券余额较低的原因

我国的融券和传统意义上的"卖空"有很大差别，我国融券不允许裸卖空，也就是说投资者要融到了券才能卖，而且股票和期货不一样，其数量有限，所以融券的核心问题是能不能融到券。很多股票的融券余额很低，不是因为没人做空，而是真的融不到券。资金相对是无限供给，而股票数量却是有限的，这是导致融券余额较低的主要原因。

我国融券卖出有一条规定，卖出报价不能低于买入价，这是为了防止砸盘，但这条规定也严重限制了融券卖出的灵活性。

总之，融券在我国被严格限制，所以融券余额对大盘的指示意义不大，而对个股的意义较大，往往个股的融券余额快速增加时，就要小心是否有人掌握了内幕消息等情况。当融资快速上涨且融券余额也快速上涨时，可以认为市场对后市有一定分歧，需注意行情见顶回落。

（四）管理层"去杠杆"对融资融券的影响

在金融市场上，所谓的杠杆就是债务的倍数，杠杆越高债务倍数越

大，降杠杆就是要把这个倍数放下来。降杠杆的目的是防控债务资产没有
得到预期的收益甚至亏损的风险。

整个经济体的杠杠承受能力是有限的。在经济上升时期各种资产盈利
能力强，投资收益高，此时放大杠杆，提高债务是增加收益、节约资金成
本的好方法，也是实体企业和金融市场上投资获取高收益的不二法门。

对于杠杆资金而言，在牛市中，可以进一步激发市场活力，提升牛市
的上涨节奏。不过，在熊市中，尤其是在单边下跌行情之中，杠杆资金却
会起到助跌的作用。在本已处于下跌的市场环境下去杠杆化，会进一步加
剧股市的下行压力。

管理层去杠杆带来的影响不可小视。首先，两融业务的收入在券商的
总营收中占据着相当的比例，监管层收紧两融业务，给券商的业绩带来了
一定的影响。其次，管理层去杠杆，使得资金的流动性受到一定的限制。
融资余额排名靠前的金融板块和其中的券商股表现均受到压制。

六、融资融券对 ETF 基金的影响

指数股票型证券投资信托基金（Exchange Traded Funds，ETF），是一
种在证券交易所交易、提供投资人参与指数表现的指数基金，中文一般翻
译为交易所交易基金，我国台湾翻译为指数股票型基金，我国香港翻译为
交易所买卖基金。

ETF 商品将指数的价值由传统的证券市场的涨跌指标转变成具有流动
性的资本证券，它把持有的与指数相同的股票分割成众多单价较低的投资
单位，再发行受益凭证。绝大多数 ETF 的指数成分是股票，但基于固定收
益证券、债券、商品和货币的 ETF 也在发展中。

ETF 同时具备开放式基金能够申购和赎回的特性以及封闭式基金的交易特性，被认为是过去十几年中最伟大的金融创新之一。到目前为止，几乎所有指数都有 ETF 基金。

投资者可以通过两种方式购买 ETF，如图 7-1 所示。

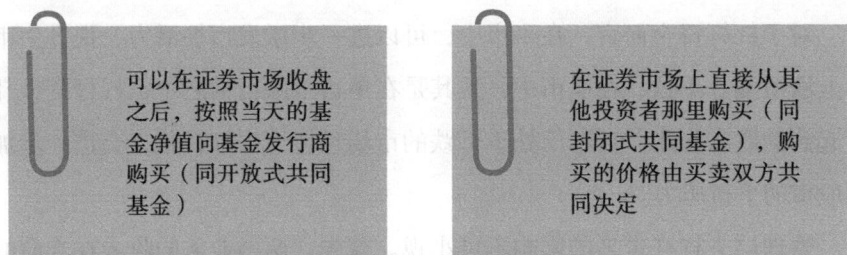

可以在证券市场收盘之后，按照当天的基金净值向基金发行商购买（同开放式共同基金）	在证券市场上直接从其他投资者那里购买（同封闭式共同基金），购买的价格由买卖双方共同决定

图 7-1　购买 ETF 的两种方式

透过实物申购与买回机制，ETF 市价可以贴近净值。对于投资者来说，ETF 的交易费用和管理费用都很低廉，持股组合比较稳定，风险往往比较分散，而且流动性很高，单笔投资便可获得多元化投资效果，节省了大量的时间和金钱。

ETF 纳入融资融券标的后，加速了金融产品的创新，增大了相关 ETF 规模，提升了其交易活跃度，同时使期指市场反向套利机制得以更好地实现，对 ETF 本身、ETF 投资策略都将产生巨大的影响。

（一）实现 ETF 产品和投资策略的创新

成为两融标的后，ETF 投资策略更为丰富，投资者可以通过更多的途径获取收益。投资者可借助融资融券实现 ETF 杠杆交易。

融资融券杠杆比例较为灵活。目前股票型分级基金高风险份额的初始杠杆只有两类：2 倍和 1.67 倍。而 ETF 融资融券的杠杆可以根据需要自行调节。如果投资者持有看好的 ETF 头寸，那么可以以这些头寸抵押，获得融资并继续投资于该 ETF，ETF 的折算率最高可达 90%，也就是说投资者利用融资便利实现 ETF 杠杆投资，最大杠杆可达到 2.8 倍。如果投资者持有现金，则可以以现金为抵押，获得融资，投资于看好的 ETF，利用现金融资可达到 2 倍杠杆。这两种途径都可通过控制抵押比率自行调节杠杆。

同样，对于卖空操作来说，融券卖出也可实现杠杆化投资，最大杠杆比率可达到 2 倍。有效杠杆方面，分级基金两级份额比例是固定的，有效杠杆会随着基金净值上升（下降）而下降（上升），而 ETF 融资融券有效杠杆可一直维持不变，也可根据需要自行调整，有较强的灵活性。

融资融券标的新增 ETF 使得 ETF 投资者获得一种以小博大的盈利机会，为风险偏好型投资者提供了新的盈利手段。

（二）实现 ETF "T+0" 看跌投资策略

在 ETF 没有成为融资融券标的之前，ETF 日内 "T+0" 交易只能做多，即当投资者判断日内市场将上涨时，可以利用 ETF 进行变相的 "T+0" 交易，捕捉日内市场波动带来的投资机会。在 ETF 成为融资融券标的之后，当投资者判断日内市场将下跌时就可以便捷地实现 ETF "T+0" 看跌投资策略，实现 ETF 的双边交易。

不过，需要指出的是，根据交易所融资融券交易实施细则的规定，融券卖空时 "融券卖出申报价格不得低于证券最新成交价"，且 "单只标的证券的融券余量达到该证券上市可流通量的 25% 时，交易所可以在次一交易日暂停其融券卖出"，此规定在一定程度上增加了融券卖空 ETF 的难度，尤其是在市场下跌的时候。

（三）使 ETF 一、二级市场套利更加方便快捷

ETF 套利原理来源于一价原则，即同一个金融产品，虽然在两个不同

的市场进行交易，但其价格应该相等。ETF 既可以在一级市场进行申购和赎回，又可以在二级市场进行买卖交易，这样同一个物质具有两种价格。一是一级市场净值，二是二级市场上的市价。

根据一价原则，ETF 的两个价格应该相等。但是实际交易中，ETF 的净值和市价往往并不一致，这就给 ETF 投资者在一、二级市场套利提供了机会。

目前，国内市场利用 ETF 进行瞬时套利存在一定的滞后性。这是因为在一级市场申购或赎回 ETF，等到可以在二级市场进行交易时会有一些时间差，期间盘面可能发生变化，但如果 ETF 能够进行融券卖空，套利交易两边的时间差就缩小了。

利用融资融券进行套利的交易模式可以分为以下两种情况，如图 7-2 所示。

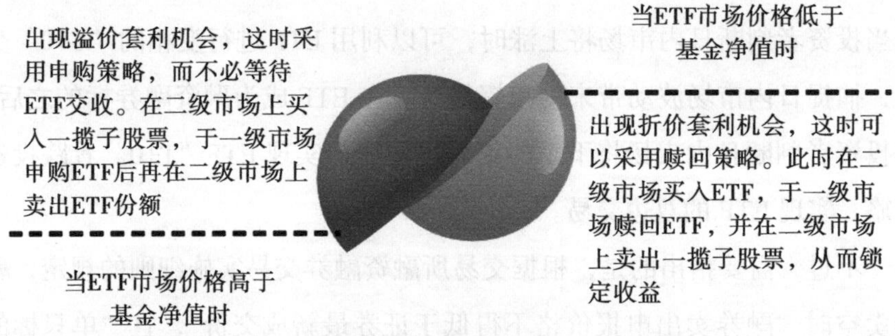

出现溢价套利机会，这时采用申购策略，而不必等待 ETF交收。在二级市场上买入一揽子股票，于一级市场申购ETF后再在二级市场上卖出ETF份额

当ETF市场价格高于基金净值时

当ETF市场价格低于基金净值时

出现折价套利机会，这时可以采用赎回策略。此时在二级市场买入ETF，于一级市场赎回ETF，并在二级市场上卖出一揽子股票，从而锁定收益

图7-2　套利交易模式

具体操作可见 ETF 套利示意图，如图 7-3 所示。

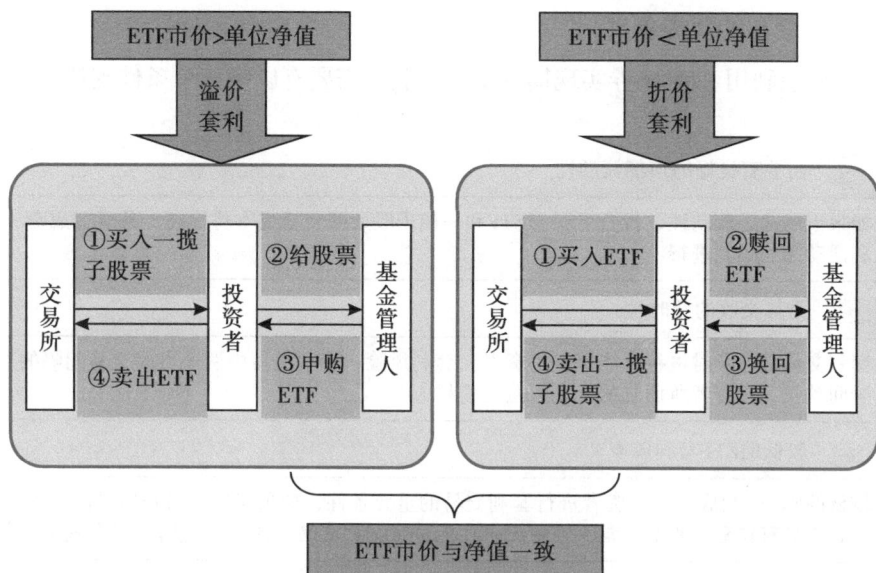

图 7-3　ETF 套利示意图

（四）利用 ETF 融券实现期现反向套利

对于中小资金规模的投资者而言，利用 ETF 模拟现货指数进行期指套利交易是较为便利且可行的方法。在 ETF 没有成为融资融券标的之前，投资者只能获取股指期货与现货的正向套利收益，比较难获得股指期货出现贴水时的套利机会。在 ETF 成为融资融券标的之后，投资者就可以利用卖空 ETF 来拟合沪深 300 现货，实现期现反向套利机会。

从海外市场 ETF 成为融资融券标的的经验分析来看，ETF 成为融资融券标的会极大丰富现有投资策略，对 ETF 市场、标的指数本身的定价效率、投资者的策略等都会带来一系列深刻的影响，实现基金管理人、投资者、股票市场三赢局面。

1. 套利的前提条件

要想利用 ETF 融券实现期现反向套利，需要有以下三个条件支持。

1　需要有良好的市场流动性

如果市场缺乏流动性，投资者买卖ETF和一揽子股票的交易成本将提高，甚至造成套利活动无法顺利进行

2　清算交收的及时性

套利交易必须及时进行才能保证投资者无套利风险，套利交易中两个反向交易间隔的时间越长，投资者所面临的套利风险也就越大

3　较低的ETF套利成本

较低的ETF套利成本是投资者进行套利交易的重要条件，如果这些交易费用过高，投资者则只有在套利收益非常大的情况下才能进行套利交易，这样会使套利机会减少

2. 套利成本

在套利交易中，套利者的所有交易都是有成本的。而每个套利者因为自身资格以及套利策略不同，面临的交易成本也不同。简单来说，套利成本分为固定成本和变动成本，其中变动成本包括冲击成本和等待成本，受市场环境和套利策略的影响，其值波动较大。如图 7-4 所示。

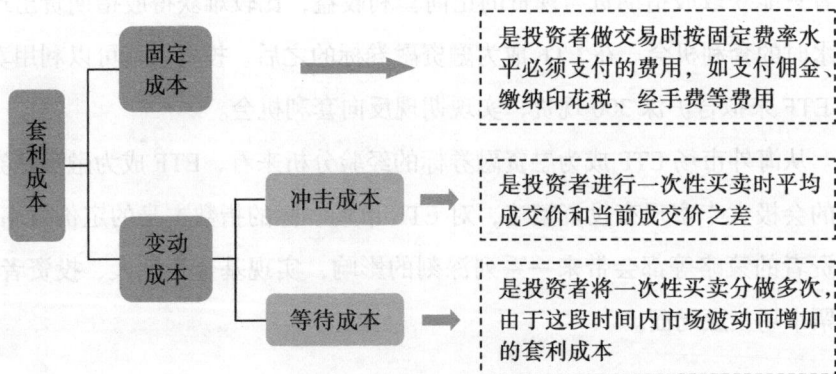

图 7-4　套利成本的分类

固定成本：是投资者做交易时按固定费率水平必须支付的费用，如支付佣金、缴纳印花税、经手费等费用

冲击成本：是投资者进行一次性买卖时平均成交价和当前成交价之差

等待成本：是投资者将一次性买卖分做多次，由于这段时间内市场波动而增加的套利成本

考察投资者变动成本是一件较为困难的事，对于不同的投资者，其投资技巧和习惯对其变动成本将产生重要的影响。即使是对于同一个投资者，不同交易方法的变动成本也有较大差异。

3. 套利方法

目前金融市场主流的两大套利方法分别是阿尔法套利和基于统计套利的配对交易策略。

（1）阿尔法套利

阿尔法套利是指指数期货与具有阿尔法值的证券产品之间进行反向对冲套利，也就是做多具有阿尔法值的证券产品，做空指数期货，实现规避系统性风险下的超越市场指数的阿尔法收益。为实现阿尔法套利，选择或构建证券产品是关键。适用于阿尔法套利的产品主要有以下两类，如图 7-5 所示。

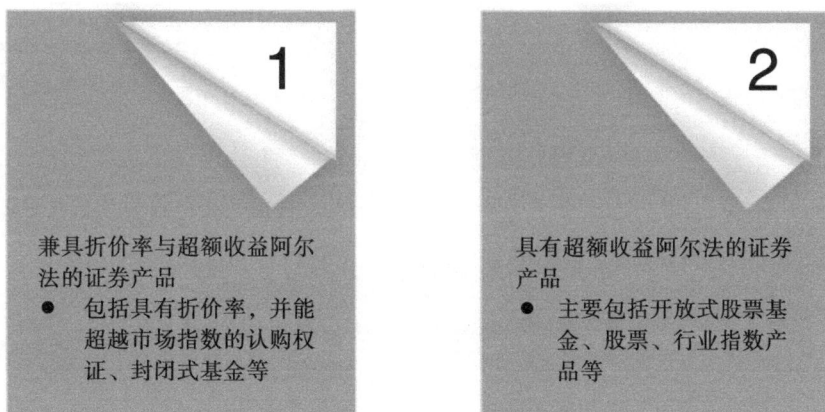

兼具折价率与超额收益阿尔法的证券产品
● 包括具有折价率，并能超越市场指数的认购权证、封闭式基金等

具有超额收益阿尔法的证券产品
● 主要包括开放式股票基金、股票、行业指数产品等

图 7-5　适用于阿尔法套利的产品

阿尔法套利的目的是实现阿尔法和贝塔的分离，然后规避市场中的系统性风险以获得超额收益。投资者可通过卖空 ETF 进行阿尔法套利。

阿尔法套利属于典型的高收益、高风险套利方式。此种套利仅适合有能力挑选出具有稳定阿尔法证券产品的投资者，投资者在做阿尔法套利的时候应该与市场驱动因子监测体系结合起来分析。

（2）基于统计套利的配对交易策略

基于统计套利的配对交易策略是一种市场中性策略，被对冲基金广泛使用。该策略是选择一组价格走势相关性较高的证券进行配对，当其价格差偏离正常水平时，通过买入价格低估证券并卖出价格高估证券直至价差恢复正常水平，由此赚取套利收益。投资者可构建 ETF 之间的配对交易策略。

第八章

融资融券与股票质押融资和

场外配资的区别

在金融市场中，一些交易业务可能会在某些方面与融资融券达到一样的目的和效果，但其中的操作方法和交易风险却大不相同。本章为读者从不同角度分别比较融资融券与股票质押和场外配资之间的区别。

一、融资融券和股票质押融资的区别

股票质押融资是用股票等有价证券提供质押担保获得融通资金的一种方式，公司用通过股票质押融资取得的资金来弥补流动资金不足。股票质押融资不是一种标准化产品，在本质上更体现了一种民事合同关系，在具体的融资细节上由当事人双方合意约定。

目前，我国的证券市场尚不成熟，有的人甚至对融资融券中的"融资"与股票质押融资不加区分，互相代用。随着监管层对股票质押融资和融资融券制度的规范，市场才逐步对这两个概念有了明确分辨。

股票质押融资和融资融券的联系在于两者都是融资手段，都需要一定的担保物，在大多数情况下，两者都是用股票作为质押，同时两者对证券市场资金流会产生显著影响。

融资融券和股票质押融资的主要区别有以下七点。

（一）融得的标的物不同

融资融券顾名思义，可以融得资金，也可以融得证券，融得的资金再买股票就增强了多方力量，融券则增强了空方力量，因此融资融券是一种既可做多也可做空的双刃剑。

股票质押融资只能融得资金，无法做空。

（二）融得资金的用途不同

融得资金用途不同这点可能是融资融券和股票质押这两者最大的区别。融资融券中的融资，获得的资金通常必须用来购买上市证券，增强了证券市场的流动性，在一定条件下加快了证券市场价值发现功能。

股票质押融资则不同，融得的资金可以不用来购买上市证券。当然，针对具体的融资主体，国家对其融得资金的用途会有一定的要求。例如，证券公司通过股票质押融资取得的资金只能用来弥补流动资金不足，不可移作他用。

由此可见，融资融券与资本市场联系更紧密，股票质押融资可能既涉及资本市场，也直接涉及实体经济。另外，与股票质押融资有个相类似的概念是股权质押融资，主要是指以非上市公司股权提供担保以融通资金。

（三）担保物不同

融资融券和股票质押融资都是对融入方的授信，故都需要担保物。融资融券中，担保物既可以是股票，也可以是现金。

股票质押融资则不同，它主要是以取得现金为目的，因此担保物不可能再用现金，它的主要担保物是有价证券，如上市公司股票、证券投资基金以及公司债券等。

（四）资金融出主体不同

融资融券在各国采取了不同的运作模式。例如，在美国市场化分散授信模式和日本专业化模式下，融出资金的中介有证券公司和证券金融公司，但最终的资金融出方通常是银行。我国当前采取的运作模式则规定资金融出的直接主体是证券公司，即证券公司以自有资金、证券向客户融资融券；同时，确立了证券金融公司向证券公司提供转融通的制度。

股票质押融资一般由银行、典当行等机构办理，资金融出主体与融资融券有明显区别。

（五）杠杆比例与风险控制不同

一般而言，融资融券相比股票质押融资而言，风险可控程度更高。由于融资融券所获得的资金或证券都有专门的账户记录，因此监控其市值变化、测算风险程度和要求追加保证金相对都是比较容易的。并且融资融券的杠杆比例可以根据情况调整，在市场整体风险不大时可适当放大杠杆比例，反之则可收紧。

股票质押融资实质是质押贷款，其资金用途虽然可能会有限制，但监控难度显然大得多，当股票市值下跌时，借款债权的风险就随之增加。

（六）产品属性不同

融资融券是一种标准化的产品，在交易规则和合约细节上，都有比较明确具体的安排或规定。例如，融资融券在中国证券登记结算公司和第三方存管银行分别有专门的账户登记相关的股票和资金并可方便地查询，股票和资金来龙去脉一目了然；融资融券可采用的杠杆比例有统一规定；融资的资金借出成本不得低于同期金融机构的贷款利率；融资用来购买的股票或者融券可获得的股票都在一定范围之内等。

股票质押融资则不是一种标准化产品，在本质上更体现了一种民事合同关系，在具体的融资细节上由当事人双方合意约定。

（七）对机构投资者的影响不同

就个人投资者而言，如果融资的目的是用于购买股票，融资融券和股票质押融资都可以取得相同的效果，但两者对机构投资者的影响就不一样了。例如，对于证券公司而言，融资融券拓宽了业务收入渠道，是一个基于创新产品的盈利增长点，而股票质押融资对于券商来说盈利能力没有改变，融来的资金只能用于补充流动资金不足。

二、融资融券与场外配资的区别

目前股票融资主要有场内配资和场外配资两种。场内配资就是证券公司的融资融券业务，场外配资就是指配资公司为股民在需要一定保证金的情况下提供的放大资金比例操盘并从中收取一定费用的业务。

如果从资本的趋利角度看待场外配资，它其实就是一条简单的链条，资本从银行、信托、配资公司到配资客户，逐级流动。其中，配资公司充当着"资金中介"的角色，成为了银行、信托和配资客户之间的"资本搬运工"，而配资客户则是整个配资链条所有环节获取利益的来源。

场外配资业务由于资金量更大，基本是为某一特定客户开设的单账户操作。其中，投资者要用资方提供的账户操作。配资公司推出的场外配资业务和券商提供的融资融券业务从本质上讲都可以增加投资者的操盘资金，但是综合各个方面来比较分析，差异还是很大的。总结起来，大致有七点区别。

（一）开户时间是否有限制的区别

2010年融资融券推行之初设定的门槛是，开户资产必须在50万元以上、开户必须满18个月。不过随着融资融券业务门槛的放开，越来越多的券商将"两融"门槛调整为客户资产达10万元、开户满6个月。随后，门槛不断降低，10 万元，5 万元，甚至到零门槛。2015 年年初，证监会强调融资融券资金门槛重回 50 万元，交易满 6 个月。而配资公司提供的股票配资业务并无此限制。

（二）最低起步资金的区别

融资融券业务管理比较严格，证券公司要求客户资产在 50 万元以上，并且有一定的股票操作经验才能进行融资，而配资公司提供的股票配资业务并无此限制，一般是 1 万 ~ 5 万元起配。

（三）股票交易限制的区别

券商融资的标的股为沪深两市的 900 只股票。而股票配资，可操作的股票范围更广，沪深 300 基本所有的股票都可以操作，甚至包括基金。虽然通常情况下场外配资合同中也都会对标的做一定限制，如不得交易权证、ST、*ST、S*ST、创业板、新股等没有涨跌停限制的股票，但配资公司对股票的交易限制条件仍然要比融资融券宽松得多，相对于券商的融资融券，股票配资更加灵活和方便。

（四）融资比例的区别

根据 2015 年年底沪深证券交易所的最新规定，"两融"业务当中，融资业务的保证金比例不得低于 100%，也就是投资者有 50 万元资金，通过券商可以最多融到 50 万元资金。同时，融资业务有严格的风险管控制度，正常情况下风险相对可控。

场外配资则与正规"两融"业务不同，它属于一种未纳入监管层监管的民间配资。进行场外配资的公司主要有两类，一是信托公司，二是各种互联网金融公司的网上配资平台。信托公司管理也比较严格，配资比例与券商差不多，风险相对可控。配资公司按照股民现有资金量提供相应比例的资金供其炒股，本质是通过杠杆化融资达到放大资金量的目的，杠杆比例一般在 1:3 到 1:5 之间，有的甚至达到 1:10。这意味着一两个跌停就会触发强行平仓点，投资者几乎没有持股待涨的可能性。

在场外配资时，配资公司会根据杠杆比例的不同，设有平仓警戒线和强行平仓线。高杠杆的场外配资加大了股市的波动幅度，股票盈利，双方均获得收益。当股票下跌严重，保证金减至平仓标准时，就会自动被强行平仓，并损失本金。

一般来说，配资方签订合同交付保证金后，配资就会进入与券商对接的分仓系统生成的子账户中，此账户由配资方操作，配资平台只负责对账户进行监控。举例来说，某股民有 10 万元本金，以 1:5 的比例从配资公司那里获得 50 万元配资后，就可以用总额 60 万元的配资资金炒股，其平仓线在 110%，亏损 8.33% 时就会平仓。相比用 10 万的本金炒股，60 万的资金量可以在股市看涨时，放大收益倍数。若股市震荡，股民承担的风险也随之扩大。

（五）交易费用的区别

融资融券交易中的交易佣金规定跟普通证券交易一样，也可以根据融资融券量和交易情况同证券公司协商调整。但是因为证券公司是资金融出方，所以通常证券公司都会在正常交易手续费上进行上浮。目前，证券公司融资融券交易佣金一般为 2.5‰，个别证券公司佣金可降到 1‰，甚至更低。按照目前的利率水平，"两融"业务当中，融资的年化利息是 8.6%，融券的年化利息是 10.6%。

配资公司在配资人原有资金（也叫保证金）的基础上，按照一定比例配给资金，并从中适当收取利息费用。配资公司将自有资金、银行、信托资金或线上的理财对接资金配给需要资金的个人股民或其他配资公司，赚取资金对接之间的差价或理财收益的差价。配资公司通常有按日配资、按月配资两种配资周期。

目前场外配资公司收取的利息不一，通常是月利息的 1.3% ~ 2.5%，最高年利息约 30%。且申请人实际使用配资只有一天的时间，也要按照一个月的利息来支付。即使申请配资人购买的股票临时停牌，也需要持续支付利息。

部分配资公司除了收取利息，还要赚取交易佣金价差。例如，配资公司在证券公司开通的股票账户的实际佣金为 1‰，而配资公司向客户收取的佣金通常在 1.5‰ ~2.5‰。

（六）交易时间的区别

融资融券交易最长期限为 6 个月，到期必须交割。部分配资公司对合作时间有所要求，要求必须要做够 3 个月；也有部分配资公司没有这个限制，一个月即可；还有极少部分的配资公司采取按天收费的形式。

（七）是否有担保物的区别

券商融资的保证金可使用现金或股票，股票担保打 6 折或 7 折。场外配资只能使用现金做保证金。融资融券需要提交足额的担保物，而配资公司并无此限制。

此外，券商的融资融券业务不仅可以单方向加杠杆，还可以通过对冲手段规避市场风险，同时这项业务始终处于证监会监管之下的，法律法规相对健全，券商对投资者的风险教育相对充分。而民间配资目前处于监管的"灰色地带"，个人投资者一旦大比例放大杠杆，个人需要承受的风险太大。投资者需认识到配资炒股的风险，特别是散户投资者更是要慎重。

第九章

融资融券常见问题

融资融券交易是比普通证券交易更为复杂的交易，因此也会遇到一些普通证券交易没有的问题。本章对融资融券过程中可能出现的与信用账户和证券交易有关的问题进行了归纳和总结，详细地为读者解答了信用账户在持有过程中可能会受到的交易限制，出现送股、分红、配股等情况时应采用的处理办法以及信用账户的查询及对账方法。此外，还对融资融券交易过程中出现的状况提出了解决的方案。

一、与信用账户有关的问题

信用证券账户是投资者为参与融资融券交易，向证券公司申请开立的证券账户。该账户是证券公司在证券登记结算机构开立的"客户信用交易担保证券账户"的二级账户，用于记录投资者委托证券公司持有的担保证券的明细数据。以下是融资融券过程中一些与信用证券账户相关的问题。

（一）信用证券账户有哪些交易限制

客户在信用账户不能融资买入或融券卖出标的证券范围以外的证券，不能转入担保品范围之外的证券，也不能通过信用证券账户参与新股申购、定向增发、债券回购、预受要约、LOF 申购及赎回、现金选择权申报、LOF 和债券的跨市场转出以及证券质押。

（二）信用证券账户中融券卖出股票所得资金可以买其他股票吗

不能。融券卖出所得资金只能用于买券还券，比如融券卖出 1 万股万科 A 得到资金 10 万元，这 10 万元只能用于买入万科 A 进行还券，不得用于买入其他股票。

（三）信用证券账户持有的股票发生送股、分红、配股时，应该怎样处理

投资者信用证券账户内证券的分红、派息、配股等权益处理，按照《证券公司融资融券业务试点管理办法》、登记结算公司有关规定以及证券公司与投资者之间约定办理。

证券发行人派发现金红利的，客户应当向证券公司补偿相应金额的现金红利（税前）。在现金红利除权除息日由证券公司在客户信用账户中扣收相应的权益补偿金额（税前），先划扣该证券融券卖出的冻结资金，不足部分再划扣资金余额。

证券发行人派发股票红利、转增股本的，客户应当向证券公司补偿相应数量的证券。在相应除权日由证券公司在客户信用账户中直接增加相应融券卖出证券的数量。

如果证券发行人派发的证券为权证，则双方同意以现金计算补偿金额。补偿金额计算公式如下。

> 补偿金额＝权证上市首日成交均价 × 派发权证数量

融资融券投资者所拥有的权利详见表 9-1。

表 9-1　融资融券投资者所拥有的权利

项目	担保证券 / 融资标的证券	融券（公司主张权益的情况下）
投票权 / 表决权	证券公司作为名义持有人投票，征求投资者意见，按投资者意见行使权利	公司放弃投票权 / 表决权
派发红利	归投资者所有	客户在红利到账当天按融资融券股份将红利归还证券公司

（续表）

项目	担保证券 / 融资标的证券	融券（公司主张权益的情况下）
派发红股	归投资者所有	客户在还券日按派发红股比例与原融券股份一同归还证券公司
市值配售	按照客户信用证券账户内的明细数据计算客户持有市值，参与市值配售	按照客户信用证券账户内的明细数据计算客户持有市值，参与市值配售
配股	客户自行决定	权益登记日，客户需对我司现金补偿，补偿公式详见合同
原股东优先认购权	客户自行决定	权益登记日，客户需对我司现金补偿，补偿公式详见合同
配发权证	归投资者所有	权益登记日，客户需对我司现金补偿，补偿公式详见合同
要约收购 / 终止上市	客户将担保证券从信用账户转至普通账户，划转后需补充担保物使维持担保比例不低于300%	权益登记日，客户需对我司现金补偿，补偿公式详见合同

（四）投资者如何进行账户查询和对账

证券登记结算机构《融资融券试点登记结算业务实施细则》（以下简称《实施细则》）第15条对投资者信用证券账户查询做出如下规定。

投资者可通过证券公司查询其信用证券账户的明细数据、变动记录和账户注册资料等内容，也可以通过证券登记结算机构查询其信用证券账户的明细数据及变动记录。投资者信用证券账户明细数据在证券公司和证券登记结算机构查询结果不一致时，由证券公司负责向投资者做出解释。

由此可见，投资者要查询其信用证券账户，既可以在证券公司处办理，也可以在证券登记结算机构处办理。投资者可以将两处查询结果进行比对，从而有效约束个别证券公司可能的挪用行为。这一制度设计的目的正是为了切实保障投资者的合法权益。

需要说明的是，由于信用证券账户由证券公司为投资者开立，通过证券登记结算机构的查询结果仅供投资者复核使用。当出现不一致时，应当由与投资者有融资融券业务关系的证券公司负责向投资者做出解释。

另外，证券公司会以邮寄或者电子邮件方式为客户提供对账服务，零售客户总部、销售交易总部根据与客户签订合同时约定的邮寄或电子邮件方式，于每月 5 日前发送上月对账单。

（五）信用账户内担保品能否买卖

信用账户内担保品可以进行买卖操作，但可能与普通账户交易佣金收取标准不同，客户操作时需注意。

（六）如何办理信用证券账户注册资料变更

《实施细则》第16条规定："投资者信用证券账户卡的挂失补办、账户注册资料变更等业务由为该投资者开立信用证券账户的证券公司负责办理。"

一方面，证券公司是投资者信用证券账户的开立主体，有义务维护投资者的账户信息，为投资者提供挂失补办、账户资料变更等服务。另一方面，在"看穿式"账户体系下，信用证券账户编码由证券登记结算机构统一配发，且证券公司须委托证券登记结算机构维护信用证券账户的明细数据。为此，当投资者账户注册资料发生变更时，证券公司应当按照规定向证券登记结算机构报备。

（七）更换融资融券交易委托证券公司时，为什么既要注销原信用证券账户，又要开立新账户

根据《实施细则》第14条规定，投资者更换融资融券交易委托证券公司的，在向新证券公司申请开立信用证券账户前，应当首先通过原证券

公司注销其原先的信用证券账户。这一规定实际上体现了两方面的要求，如下。

1 因为信用证券账户由证券公司开立，各公司信用证券账户卡不能通用，且证券公司为投资者开立信用证券账户应基于资信审查结果，所以必须按规定对投资者进行审查合格后才能为其开户

2 证监会"投资者用于一个证券交易所上市证券交易的信用证券账户只能有一个"的规定，是为了避免投资者在不同证券公司开立多个信用证券账户，减少融资融券业务风险

二、与证券交易有关的问题

与普通证券交易相比，融资融券是一种加杠杆的交易，在交易方面，自然会比普通证券多出很多问题。以下是融资融券过程中一些与交易相关的问题。

（一）如果用现金作为保证金，客户融资时是否必须要把自己担保账户上的现金用完才可以融资买入

不需要。客户提交保证金和融资买入的标的证券（或融券卖出标的证券所得资金）一起作为担保物对客户融资融券所产生债券提供担保，满足相应的保证金比例即可进行融资融券交易。

（二）证券出现被调出标的证券范围等情况时，投资者如何处理相关融资融券关系

投资者若遇到证券被调出标的证券范围等情况，可以参考以下三种方

式来处理融资融券的关系。

1	不允许对该证券进行融资买入、融券卖出交易，但允许卖券还款、买券还券和现券还券操作
2	对于已经融资买入和融券卖出的证券，如果该证券仍属于可充抵保证金证券，该笔融资融券交易继续履行
3	对于已经融资买入和融券卖出的证券，如果该证券同时被调出可充抵保证金证券范围，应在2个交易日内了结该笔负债

证券被调整出标的证券范围的，在调整实施前未了结的融资融券关系仍然有效，投资者可以选择在到期日了结相关融资融券关系，也可以根据其与证券公司的约定选择提前了结融资融券关系。每一笔交易在允许交易期限内投资者可以自由选择了结负债的日期、根据自身情况决定是否持有到期。到期的负债如果不及时偿还的话，将会被证券公司实施强行平仓。

客户可申请将该证券从信用证券账户划转至其普通证券账户中，但划转后维持担保比例不得低于300%，如果触及预警线、警戒线、平仓线，应及时补充、替换担保物。

标的证券暂停交易，未确定恢复交易日或恢复交易日在融资融券债务到期日之后的，投资者可以选择延长融资融券关系期限，也可以根据其与证券公司的约定选择提前了结融资融券关系。

（三）证券暂停交易对融资融券交易有何影响

投资者信用证券账户中用于担保的证券或融券卖出的证券在合同终止日暂停交易的，不影响本合同到期终止，投资者必须按时全部清偿对公司所负债务，合同终止后投资者信用账户仍有未清偿债务的，公司有权采取强行平仓措施。

投资者信用证券账户中用于担保的证券连续停牌时间超过 30 天的，公司在计算投资者信用账户维持担保比例时，该等证券市值以公允价值计算，直至复牌时为止。该证券公允价值将使用"指数收益法"逐日折算，公式如下。

> 该等证券市值 = 该等证券数量 × 该等证券停牌时收盘价 ×（当日该等证券所上市的证券交易所行业分类指数中对应的行业指数收盘价 / 停牌前一交易日该等证券所上市的证券交易所行业分类指数中对应的行业指数的收盘价）

投资者信用证券账户中融券卖出的证券连续停牌时间超过 30 天的，公司在计算投资者信用账户维持担保比例和保证金可用余额时，该等融券卖出证券市值以公允价值计算，直至复牌时为止。该等证券公允价值将使用"指数收益法"逐日折算，公式如下。

> 该等融券卖出证券公允价值 = 该等融券卖出证券数量 × 该等证券停牌日收盘价 ×（当日该等证券所上市的证券交易所行业分类指数中对应的行业指数收盘价 / 停牌前一交易日该等证券所上市的证券交易所行业分类指数中对应的行业指数收盘价）

（四）证券终止交易对融资融券交易有何影响

客户融资买入或者融券卖出的证券预定终止交易，且最后交易日在融资融券债务到期日之前的，融资融券的期限缩短至最后交易日的前一交易日。融资融券合同另有约定的，从其约定。

可充抵保证金证券预定终止上市的，公司有权将其调整出可充抵保证金证券范围。调整出可充抵保证金范围的证券在计算保证金可用余额时，其折算率为零。

信用证券账户中用于担保的证券预定终止上市交易的，自该证券终止上市公告发布日的下一交易日起，在计算客户信用账户维持担保比例时，该证券不计入维持担保比例公式中的信用证券账户内证券市值。

投资者融券卖出的证券预定终止上市交易的，投资者必须在该证券终止上市公告发布日后的 3 个交易日（设第三个交易日为 T 日）内清偿该笔融券债务，T 日仍未清偿该笔债务的，T 日为本合同终止日，公司可于 T 日的下一交易日起对投资者信用账户进行强行平仓，以偿还投资者对公司所负融资融券债务。

三、与营业税有关的问题

融资融券业务是由证券公司提供给客户的一种信用交易业务，即指客户向证券公司提供担保物，借入资金买入上市公司证券或借入证券并卖出的行为。有税务机关提出，融资融券业务利息收入及佣金收入均在证券公司营业部所在地缴纳营业税。那么，融资融券业务中利息收入及佣金收入的营业税纳税义务人及纳税地点应该如何确定？

（一）佣金收入，证券公司营业部应在营业部所在地缴纳营业税

《中华人民共和国税收征收管理法》第 15 条规定："企业，企业在外地设立的分支机构和从事生产、经营的场所，个体工商户和从事生产、经营的事业单位自领取营业执照之日起 30 日，持有关证件，向税务机关申报办理税务登记。"

按照该规定，证券公司各地营业部作为分支机构，应在上述法定期限

内，申报办理税务登记。

《营业税暂行条例》第 1 条规定："在中华人民共和国境内提供本条例规定的劳务（以下简称应税劳务）、转让无形资产或者销售不动产的单位和个人，为营业税的纳税义务人（以下简称纳税人），应当依照本条例缴纳营业税。"

《营业税暂行条例实施细则》第 10 条规定："除本细则第 11 条和第 12 条的规定外，负有营业税纳税义务的单位为发生应税行为并收取货币、货物或者其他经济利益的单位，但不包括单位依法不需要办理税务登记的内设机构。"

证券公司营业部为融资融券客户提供证券代理买卖服务，向客户收取佣金，营业部为发生应税劳务并收取货币、货物或者其他经济利益的单位，负有纳税义务。根据《营业税暂行条例》第 14 条对营业税纳税地点的规定，纳税人提供应税劳务应当向其机构所在地或者居住地的主管税务机关申报纳税。

但是，纳税人提供的建筑业劳务以及我国财政、税务主管部门规定的其他应税劳务，应当向应税劳务发生地的主管税务机关申报纳税。证券公司营业部为融资融券客户提供证券代理买卖服务，收取佣金，营业税的纳税地点为营业部所在地，应由营业部向其机构所在地或居住地所在地主管税务机关申报。

（二）融资融券利息收入，证券公司总部应在总部所在地缴纳营业税

1. 融资融券利息收入应以证券公司总部作为营业税纳税人

《营业税暂行条例》第 1 条规定，在境内提供本条例规定的劳务（以下简称应税劳务）、转让无形资产或者销售不动产的单位和个人，为营业

税的纳税义务人（以下简称纳税人），应当依照本条例缴纳营业税。按照该规定，提供融资融券服务劳务的主体才是营业税的纳税义务人。

证券公司在经营融资融券业务时，都按照《证券公司融资融券业务管理办法》（以下简称《管理办法》）第三十七条的规定实行集中统一管理，业务决策和主要管理职责由总部承担，往往会在总部设置证券金融业务决策委员会及证券金融部作为融资融券业务的日常决策机构及组织管理部门，负责包括资金与券源的管理、息费的计提扣收等工作。而证券公司各营业部作为分支机构，仅负责客户开发、开户、辅助通知等服务工作。分支机构只接收客户申请，并审核客户提供材料的真实性、完整性，在系统内对客户资料进行录入，开立信用账户，而融资融券业务的主要业务环节均由公司总部完成，实行统一管理。

融资融券利息收入，应以证券公司总部作为营业税纳税人，主要有以下四个原因。

1 合同主体是证券公司总部，按照《管理办法》的规定，融资融券业务都由证券公司总部实行集中统一管理，投资者都是与证券公司总部签订融资融券业务合同

2 权利义务主体也是证券公司总部，资金和券源由总部统筹划拨，融资融券利息收入扣收由总部统一执行，同时相应的融资成本也由总部承担

3 收取的融资融券业务利息在总部进行会计核算，融资融券业务利息收入不同于融资融券业务买卖股票交易佣金，收取的融资融券业务利息在总部核算，计入总部"利息收入——融资融券利息"科目。收取的融资融券业务买卖股票交易佣金在营业部核算，计入营业部"手续费收入——融资融券代理买卖证券收入"科目

4 收取的融资融券业务利息的发票也是由证券公司总部开具给投资者

由上述分析可知，从法律关系上看，证券公司总部才是提供融资融券服务劳务的主体，融资融券利息收入是由证券公司总部进行会计核算，发票也是由证券公司总部开具给投资者，因此，证券公司总部应向其所在地税务机关申报缴纳融资融券利息收入营业税。在实践中，多数证券公司总部已向其所在税务机关申报缴纳营业税。

2. 融资融券利息收入，应以证券公司总部所在地作为营业税纳税地点

根据《营业税暂行条例》第 14 条对营业税纳税地点的规定，纳税人提供应税劳务应当向其机构所在地或者居住地的主管税务机关申报纳税。但是，纳税人提供的建筑业劳务以及国务院财政、税务主管部门规定的其他应税劳务，应当向应税劳务发生地的主管税务机关申报纳税。

根据上述分析，确定证券公司总部为营业税纳税人后，根据该规定，应以证券公司总部所在地作为营业税纳税地点。

上海证券交易所融资融券交易实施细则（2015年修订版）

第一章 总则

第一条 为规范融资融券交易行为，维护证券市场秩序，保护投资者合法权益，根据《证券公司融资融券业务管理办法》《上海证券交易所交易规则》和本所相关业务规则，特制定本细则。

第二条 本细则所称融资融券交易，是指投资者向具有上海证券交易所（以下简称"本所"）会员资格的证券公司（以下简称"会员"）提供担保物，借入资金买入证券或借入证券并卖出的行为。

第三条 在本所进行融资融券交易，适用本细则。本细则未做规定的，适用《上海证券交易所交易规则》和本所其他相关规定。

第二章 业务流程

第四条 本所对融资融券交易实行交易权限管理。会员申请本所融资融券交易权限的，需向本所提交书面申请报告及以下材料。

（一）中国证券监督管理委员会（以下简称"证监会"）颁发的批准从事融资融券业务的《经营证券业务许可证》及其他有关批准文件；

（二）融资融券业务实施方案、内部管理制度的相关文件；

（三）负责融资融券业务的高级管理人员与业务人员名单及其联系方式；

（四）本所要求提交的其他材料。

第五条 会员在本所从事融资融券交易，应按照有关规定开立融券专用证券账户、客户信用交易担保证券账户、融资专用资金账户及客户信用交易担保资金账户，并在开户后3个交易日内报本所备案。

第六条 会员应当加强客户适当性管理，明确客户参与融资融券交易应具备的资产、交易经验等条件，引导客户在充分了解融资融券业务特点的基础上合法合规参与交易。

对从事证券交易时间不足半年、缺乏风险承担能力、最近20个交易日日均证券类资产低于50万或者有重大违约记录的客户以及本公司股东、关联人，会员不得为其开立信用账户。

专业机构投资者参与融资、融券，可不受前款从事证券交易时间及证券类资产条件限制。

本条第二款所称股东，不包括仅持有上市会员5%以下上市流通股份的股东。

第七条 会员在向客户融资、融券前，应当按照有关规定与客户签订融资融券合同及融资融券交易风险揭示书，并为其开立信用证券账户和信用资金账户。

第八条 投资者通过会员在本所进行融资融券交易，应当按照有关规定选择会员为其开立信用证券账户。

信用证券账户的开立和注销，根据会员和本所指定登记结算机构的有关规定办理。

会员为客户开立信用证券账户时，应当申报拟指定交易的交易单元号。信用证券账户的指定交易申请由本所委托的指定登记结算机构受理。

第九条 会员被取消融资融券交易权限的，应当根据约定与其客户了结有关融资融券合约，并不得发生新的融资融券交易。

第十条 融资融券交易采用竞价交易方式。

会员接受客户融资融券交易委托，应当按照本所规定的格式申报，申报指令应包括客户的信用证券账户号码、交易单元代码、证券代码、买卖方向、价格、数量、融资融券标识等内容。

第十一条 融资买入、融券卖出股票或基金的，申报数量应当为100股（份）或其整数倍。

融资买入、融券卖出债券的，申报数量应当为1手或其整数倍。

第十二条 融券卖出的申报价格不得低于该证券的最新成交价；当天没有产生成交的，申报价格不得低于其前收盘价。低于上述价格的申报为无效申报。

融券期间，投资者通过其所有或控制的证券账户持有与融券卖出标的相同证券的，卖出该证券的价格应遵守前款规定，但超出融券数量的部分除外。

交易型开放式指数基金或经本所认可的其他证券，其融券卖出不受本条前两款规定的限制。

第十三条 本所不接受融券卖出的市价申报。

第十四条 客户融资买入证券后，可通过卖券还款或直接还款的方式向会员偿还融入资金。

卖券还款是指客户通过其信用证券账户申报卖券，结算时卖出证券所得资金直接划转至会员融资专用资金账户的一种还款方式。

以直接还款方式偿还融入资金的，具体操作按照会员与客户之间的约定办理。

第十五条 客户融券卖出后，自次一交易日起可通过买券还券或直接还券的方式向会员偿还融入证券。

买券还券是指客户通过其信用证券账户申报买券，结算时买入证券直接划转至会员融券专用证券账户的一种还券方式。

以直接还券方式偿还融入证券的，按照会员与客户之间约定以及本所指定登记结算机构的有关规定办理。

客户融券卖出的证券暂停交易的，可以按照约定以现金等方式偿还向会员融入的证券。

第十六条 投资者卖出信用证券账户内融资买入尚未了结合约的证券所得价款，须先偿还该投资者的融资欠款。

第十七条 未了结相关融券交易前，投资者融券卖出所得价款除以下用途外，不得另作他用。

（一）买券还券；

（二）偿还融资融券相关利息、费用和融券交易相关权益现金补偿；

（三）买入或申购证券公司现金管理产品、货币市场基金以及本所认可的其他高流动性证券；

（四）证监会及本所规定的其他用途。

第十八条 会员与客户约定的融资、融券期限自客户实际使用资金或使用证券之日起计算，融资、融券期限最长不得超过 6 个月。

合约到期前，会员可以根据客户的申请为其办理展期，每次展期的期限不得超过 6 个月。

会员在为客户办理合约展期前，应当对客户的信用状况、负债情况、维持担保比例水平等进行评估。

第十九条 会员融券专用证券账户不得用于证券买卖。

第二十条 投资者信用证券账户不得买入或转入除可充抵保证金证券范围以外的证券，也不得用于参与定向增发、股票交易型开放式指数基金和债券交易型开放式指数基金的申购及赎回、债券回购交易等。

第二十一条 客户未能按期交足担保物或者到期未偿还融资融券债务的，会员可以根据与客户的约定处分其担保物，不足部分可以向客户追索。

第二十二条 会员根据与客户的约定采取强行平仓措施的，应按照本所规定的格式申报强行平仓指令，申报指令应包括客户的信用证券账户号码、交易单元代码、证券代码、买卖方向、价格、数量、平仓标识等内容。

第三章 标的证券

第二十三条 在本所上市交易的下列证券，经本所认可，可作为融资买入或融券卖出的标的证券（以下简称"标的证券"）。

（一）股票；

（二）证券投资基金；

（三）债券；

（四）其他证券。

第二十四条 标的证券为股票的，应当符合下列条件。

（一）在本所上市交易超过 3 个月；

（二）融资买入标的股票的流通股本不少于 1 亿股或流通市值不低于 5 亿元，融券卖出标的股票的流通股本不少于 2 亿股或流通市值不低于 8 亿元；

（三）股东人数不少于 4 000 人；

（四）在最近 3 个月内没有出现下列情形之一。

（1）日均换手率低于基准指数日均换手率的 15%，且日均成交金额小于 5 000 万元；

（2）日均涨跌幅平均值与基准指数涨跌幅平均值的偏离值超过 4%；

（3）波动幅度达到基准指数波动幅度的 5 倍以上；

（五）股票发行公司已完成股权分置改革；

（六）股票交易未被本所实施风险警示；

（七）本所规定的其他条件。

第二十五条 标的证券为交易型开放式指数基金的，应当符合下列条件。

（一）上市交易超过 5 个交易日；

（二）最近 5 个交易日内的日平均资产规模不低于 5 亿元；

（三）基金持有户数不少于 2 000 户；

（四）本所规定的其他条件。

第二十六条 标的证券为上市开放式基金的，应当符合下列条件。

（一）上市交易超过 5 个交易日；

（二）最近 5 个交易日内的日平均资产规模不低于 5 亿元；

（三）基金持有户数不少于 2 000 户；

（四）基金份额不存在分拆、合并等分级转换情形；

（五）本所规定的其他条件。

第二十七条 标的证券为债券的，应当符合下列条件。

（一）债券托管面值在 1 亿元以上；

（二）债券剩余期限在一年以上；

（三）债券信用评级达到 AA 级（含）以上；

（四）本所规定的其他条件。

第二十八条 本所按照从严到宽、从少到多、逐步扩大的原则，从满足本细则规定的证券范围内选取和确定标的证券的名单，并向市场公布。

本所可根据市场情况调整标的证券的选择标准和名单。

第二十九条 会员向其客户公布的标的证券名单，不得超出本所公布的标的证券范围。

第三十条　标的证券暂停交易的，会员与其客户可以根据双方约定了结相关融资融券合约。

标的证券暂停交易，且恢复交易日在融资融券债务到期日之后的，融资融券的期限可以顺延，顺延的具体期限由会员与其客户自行约定。

第三十一条　标的股票交易被实施风险警示的，本所自该股票被实施风险警示当日起将其调整出标的证券范围。

第三十二条　标的证券进入终止上市程序的，本所自发行人作出相关公告当日起将其调整出标的证券范围。

第三十三条　证券被调整出标的证券范围的，在调整实施前未了结的融资融券合同仍然有效。会员与其客户可以根据双方约定提前了结相关融资融券合约。

第四章　保证金和担保物

第三十四条　会员向客户融资、融券，应当向客户收取一定比例的保证金。保证金可以本所上市交易的股票、证券投资基金、债券，货币市场基金、证券公司现金管理产品及本所认可的其他证券充抵。

第三十五条　可充抵保证金的证券，在计算保证金金额时应当以证券市值或净值按下列折算率进行折算。

（一）上证180指数成份股股票的折算率最高不超过70%，其他A股股票折算率最高不超过65%；

（二）交易型开放式指数基金折算率最高不超过90%；

（三）证券公司现金管理产品、货币市场基金、国债折算率最高不超过95%；

（四）被实施风险警示、暂停上市或进入退市整理期的A股股票、权证折算率为0%；

（五）其他上市证券投资基金和债券折算率最高不超过80%。

第三十六条　本所遵循审慎原则，审核、选取并确定可充抵保证金证券的名单，并向市场公布。

本所可以根据市场情况调整可充抵保证金证券的名单和折算率。

第三十七条 会员公布的可充抵保证金证券的名单，不得超出本所公布的可充抵保证金证券范围。

会员应当根据流动性、波动性等指标对可充抵保证金证券的折算率实行动态化管理与差异化控制。

会员公布的可充抵保证金证券的折算率，不得高于本所规定的标准。

第三十八条 投资者融资买入证券时，融资保证金比例不得低于 100%。

融资保证金比例是指投资者融资买入时交付的保证金与融资交易金额的比例，计算公式为：融资保证金比例 = 保证金 /（融资买入证券数量 × 买入价格）× 100%。

第三十九条 投资者融券卖出时，融券保证金比例不得低于 50%。

融券保证金比例是指投资者融券卖出时交付的保证金与融券交易金额的比例，计算公式为：融券保证金比例 = 保证金 /（融券卖出证券数量 × 卖出价格）× 100%。

第四十条 投资者融资买入或融券卖出时所使用的保证金不得超过其保证金可用余额。

保证金可用余额是指投资者用于充抵保证金的现金、证券市值及融资融券交易产生的浮盈经折算后形成的保证金总额，减去投资者未了结融资融券交易已占用保证金和相关利息、费用的余额。

其计算公式为：保证金可用余额 = 现金 + ∑（可充抵保证金的证券市值 × 折算率）+ ∑［（融资买入证券市值 − 融资买入金额）× 折算率］+ ∑［（融券卖出金额 − 融券卖出证券市值）× 折算率］− ∑融券卖出金额 − ∑融资买入证券金额 × 融资保证金比例 − ∑融券卖出证券市值 × 融券保证金比例 − 利息及费用。

公式中，融券卖出金额 = 融券卖出证券的数量 × 卖出价格，融券卖出证券市值 = 融券卖出证券数量 × 市价，融券卖出证券数量指融券卖出后尚未偿还的证券数量；∑［（融资买入证券市值 − 融资买入金额）× 折算率］、∑［（融券卖出金额 − 融券卖出证券市值）× 折算率］中的折算率是指融资买入、融券卖出证券对应的折算率，当融资买入证券市值低于融资买入金额或融券卖出证券市值高于融券卖出金额时，折算率按 100% 计算。

第四十一条 会员向客户收取的保证金以及客户融资买入的全部证券和融券卖出所

得全部资金，整体作为客户对会员融资融券所生债务的担保物。

第四十二条 会员应当对客户提交的担保物进行整体监控，并计算其维持担保比例。维持担保比例是指客户担保物价值与其融资融券债务之间的比例，计算公式为：维持担保比例 =（现金 + 信用证券账户内证券市值总和）/（融资买入金额 + 融券卖出证券数量 × 当前市价 + 利息及费用总和）。

客户信用证券账户内的证券，出现被调出可充抵保证金证券范围、被暂停交易、被实施风险警示等特殊情形或者因权益处理等产生尚未到账的在途证券，会员在计算客户维持担保比例时，可以根据与客户的约定按照公允价格或其他定价方式计算其市值。

第四十三条 客户维持担保比例不得低于130%。

当客户维持担保比例低于130%时，会员应当通知客户在约定的期限内追加担保物，客户经会员认可后，可以提交除可充抵保证金证券外的其他证券、不动产、股权等资产。

会员可以与客户自行约定追加担保物后的维持担保比例要求。

第四十四条 维持担保比例超过300%时，客户可以提取保证金可用余额中的现金或充抵保证金的证券，但提取后维持担保比例不得低于300%。本所另有规定的除外。

第四十五条 本所认为必要时，可以调整融资、融券保证金比例及维持担保比例的标准，并向市场公布。

第四十六条 会员公布的融资保证金比例、融券保证金比例及维持担保比例，不得低于本所规定的标准。

第四十七条 投资者不得将已设定担保或其他第三方权利及被采取查封、冻结等司法强制措施的证券提交为担保物，会员不得向客户借出此类证券。

第四十八条 会员应当加强对客户担保物的监控与管理，对客户提交的担保物中单一证券市值占其担保物市值比例进行监控。

客户担保物中单一证券市值占比达到一定比例时，会员应当按照与客户的约定，暂停接受其融资买入该证券的委托或采取其他风险控制措施。

第五章　信息披露和报告

第四十九条　会员应当按照本所要求向本所报送当日各标的证券融资买入额、融资还款额、融资余额以及融券卖出量、融券偿还量和融券余量等数据。

会员应当保证所报送数据的真实、准确、完整。

第五十条　本所在每个交易日开市前，根据会员报送数据，向市场公布以下信息。

（一）前一交易日单只标的证券融资融券交易信息，包括融资买入额、融资余额、融券卖出量、融券余量等信息；

（二）前一交易日市场融资融券交易总量信息。

第六章　风险控制

第五十一条　单只股票的融资监控指标达到 25% 时，本所可以在次一交易日暂停其融资买入，并向市场公布。该股票的融资监控指标降低至 20% 以下时，本所可以在次一交易日恢复其融资买入，并向市场公布。

单只交易型开放式指数基金的融资监控指标达到 75% 时，本所可以在次一交易日暂停其融资买入，并向市场公布。该交易型开放式指数基金的融资监控指标降低至 70% 以下时，本所可以在次一交易日恢复其融资买入，并向市场公布。

上述融资监控指标为"会员上报的标的证券融资余额"和"信用账户持有的标的证券市值"取较小者与标的证券流通市值的比值。

第五十二条　单只股票的融券余量达到该股票上市可流通量的 25% 时，本所可以在次一交易日暂停其融券卖出，并向市场公布。该股票的融券余量降低至 20% 以下时，本所可以在次一交易日恢复其融券卖出，并向市场公布。

单只交易型开放式指数基金的融券余量达到其上市可流通量的 75% 时，本所可在次一交易日暂停其融券卖出，并向市场公布。该交易型开放式指数基金的融券余量降至 70% 以下时，本所可以在次一交易日恢复其融券卖出，并向市场公布。

第五十三条　本所对市场融资融券交易进行监控。融资融券交易出现异常或市场持续大幅波动时，本所可视情况采取以下措施并向市场公布：

（一）调整标的证券标准或范围；

（二）调整可充抵保证金证券的折算率；

（三）调整融资、融券保证金比例；

（四）调整维持担保比例；

（五）暂停特定标的证券的融资买入或融券卖出交易；

（六）暂停整个市场的融资买入或融券卖出交易；

（七）本所认为必要的其他措施。

第五十四条 融资融券交易存在异常交易行为的，本所可以视情况采取限制相关证券账户交易等措施。

第五十五条 会员应当按照本所的要求，对客户的融资融券交易进行监控，并主动、及时地向本所报告其客户的异常融资融券交易行为。

第五十六条 本所可根据需要，对会员与融资融券业务相关的内部控制制度、业务操作规范、风险管理措施、交易技术系统的安全运行状况及对本所相关业务规则的执行情况等进行检查。

第五十七条 会员违反本细则的，本所可依据有关规定采取相关监管措施及给予处分，并可视情况暂停或取消其在本所进行融资或融券交易的权限。

第七章　其他事项

第五十八条 会员在向投资者提供融资融券服务时，应当要求投资者向会员申报其持有限售股份、解除限售存量股份情况，以及是否为上市公司董事、监事、高级管理人员和持有上市公司股份 5% 以上的股东等相关信息。会员应当对投资者的申报情况进行核实，并进行相应的前端控制。

第五十九条 投资者持有上市公司限售股份的，不得融券卖出该上市公司股票，且不得将其普通证券账户持有的上市公司限售股份提交为担保物。

会员不得以其普通证券账户持有的限售股份提交作为融券券源。

第六十条 个人投资者持有上市公司解除限售存量股份的，不得将其持有的该上市公司股份提交为担保物。

第六十一条 上市公司董事、监事、高级管理人员、持有上市公司股份 5% 以上的股东，不得开展以该上市公司股票为标的证券的融资融券交易。

第六十二条 会员通过客户信用交易担保证券账户持有的股票不计入其自有股票，

会员无须因该账户内股票数量的变动而履行相应的信息报告、披露或者要约收购义务。

投资者及其一致行动人通过普通证券账户和信用证券账户合计持有一家上市公司股票及其权益的数量或者其增减变动达到规定的比例时，应当依法履行相应的信息报告、披露或者要约收购义务。

第六十三条 客户信用交易担保证券账户记录的证券，由会员以自己的名义，为客户的利益，行使对发行人的权利。会员行使对发行人的权利，应当事先征求客户的意见，提醒客户遵守关联事项回避等相关投票规定，并按照其意见办理。客户未表示意见的，会员不得主动行使对发行人的权利。

前款所称对发行人的权利，是指请求召开证券持有人会议、参加证券持有人会议、提案、表决、配售股份的认购、请求分配投资收益等因持有证券而产生的权利。

第六十四条 会员客户信用交易担保证券账户内证券的分红、派息、配股等权益处理，按照《证券公司融资融券业务管理办法》和本所指定登记结算机构有关规定办理。

第八章 附则

第六十五条 本细则下列用语具有以下含义。

（一）证券类资产，是指投资者持有的客户交易结算资金、股票、债券、基金、证券公司资产管理计划等资产。

（二）现金管理产品，是指证券公司或其资产管理子公司为经纪业务客户设立并管理的，客户可用资金当日可申购、赎回资金当日可用于证券交易，主要投资于货币市场工具，由中国证券登记结算公司托管的资产管理计划或其他形式的产品。

（三）日均换手率，指最近 3 个月内标的证券或基准指数每日换手率的平均值。

（四）日均涨跌幅，指最近 3 个月内标的证券或基准指数每日涨跌幅绝对值的平均值。

（五）波动幅度，指最近 3 个月内标的证券或基准指数最高价与最低价之差对最高价和最低价的平均值之比。

（六）基准指数，指上证综合指数。

（七）异常交易行为，指《上海证券交易所交易规则》以及本所其他业务规则规定的异常交易行为。

（八）证券投资基金上市可流通市值，是指其当日收盘价与当日清算后的份额的乘积。

（九）存量股份，是指已完成股权分置改革、在本所上市的公司有限售期规定的股份，或新老划断后在本所上市的公司于首次公开发行前已发行的股份。

（十）上市公司董事、监事、高级管理人员，是指根据法律法规、部门规章以及其他规范性文件的规定，对所持本公司股份的转让行为存在限制性要求的在任或离任的董事、监事、高级管理人员。

（十一）专业机构投资者，是指经国家金融监管部门批准设立的金融机构，包括商业银行、证券公司、基金管理公司、期货公司、信托公司和保险公司等；上述金融机构管理的金融产品；经证监会或者其授权机构登记备案的私募基金管理机构及其管理的私募基金产品；证监会认可的其他投资者。

第六十六条 投资者通过上海普通证券账户持有的深圳市场发行上海市场配售股份划转到深圳普通证券账户后，方可提交作为融资融券交易的担保物。

投资者通过深圳普通证券账户持有的上海市场发行深圳市场配售股份划转到上海普通证券账户后，方可提交作为融资融券交易的担保物。

第六十七条 依照本细则达成的融资融券交易，其清算交收的具体规则，依照本所指定登记结算机构的规定执行。

第六十八条 本细则所称"超过""低于""少于"不含本数，"以上""以下""达到"含本数。

第六十九条 本细则由本所负责解释。

第七十条 本细则自发布之日起实施。

附录二

深圳证券交易所融资融券交易实施细则（2015年修订版）

第一章 总则

1.1 为规范融资融券交易行为，维护证券市场秩序，保护投资者的合法权益，根据《证券公司融资融券业务管理办法》《深圳证券交易所交易规则》及其他有关规定，特制定本细则。

1.2 本细则所称融资融券交易，是指投资者向具有深圳证券交易所（以下简称"本所"）会员资格的证券公司（以下简称"会员"）提供担保物，借入资金买入证券或借入证券并卖出的行为。

1.3 在本所进行的融资融券交易，适用本细则。本细则未做规定的，适用《深圳证券交易所交易规则》和本所其他有关规定。

第二章 业务流程

2.1 会员申请本所融资融券交易权限的，应当向本所提交下列书面文件。

（一）中国证券监督管理委员会（以下简称"证监会"）颁发的获准开展融资融券业务的《经营证券业务许可证》及其他有关批准文件；

（二）融资融券业务实施方案、内部管理制度的相关文件；

（三）负责融资融券业务的高级管理人员与业务人员名单及其联络方式；

（四）本所要求提交的其他文件。

2.2 会员在本所从事融资融券业务，应当通过融资融券专用交易单元进行。

2.3 会员按照有关规定开立融券专用证券账户、客户信用交易担保证券账户、融资专用资金账户及客户信用交易担保资金账户后，应当在3个交易日内向本所报告。

2.4 会员应当加强客户适当性管理，明确客户参与融资融券交易应具备的资产、交易经验等条件，引导客户在充分了解融资融券业务特点的基础上合法合规参与交易。

对未按照要求提供有关情况、从事证券交易时间不足半年、缺乏风险承担能力、最近 20 个交易日日均证券类资产低于 50 万元或者有重大违约记录的客户以及本会员股东、关联人，会员不得为其开立信用账户。

专业机构投资者参与融资、融券，可不受前款从事证券交易时间、证券类资产条件限制。

本条第二款所称股东，不包括仅持有上市会员 5% 以下上市流通股份的股东。

2.5 会员在向客户融资、融券前，应当按照有关规定与客户签订融资融券合同及融资融券交易风险揭示书，并为其开立信用证券账户和信用资金账户。

2.6 投资者应当按照有关规定，通过会员为其开立的信用证券账户，在本所进行融资融券交易。

信用证券账户的开立和注销，根据会员和本所指定登记结算机构有关规定办理。

2.7 融资融券交易采用竞价交易方式。

2.8 会员接受客户的融资融券交易委托后，应当按本所规定的格式申报，申报指令应包括客户的信用证券账户号码、融资融券专用交易单元代码、证券代码、买卖方向、价格、数量、融资融券相关标识等内容。

2.9 融资买入、融券卖出股票或基金的，申报数量应当为 100 股（份）或其整数倍。

融资买入、融券卖出债券的，申报数量应当为 10 张或其整数倍。

2.10 融券卖出的申报价格不得低于该证券的最近成交价；当天还没有产生成交的，其申报价格不得低于前收盘价。低于上述价格的申报为无效申报。

投资者在融券期间卖出通过其所有或控制的证券账户所持有与其融入证券相同证券的，其申报卖出该证券的价格应当满足前款要求，但超出融券数量的部分除外。

交易型开放式基金或经本所认可的其他证券，其融券卖出不受本条前两款规定的限制。

2.11 本所不接受融券卖出的市价申报。

2.12 投资者融资买入证券后，可以通过直接还款或卖券还款的方式向会员偿还融入资金。

以直接还款方式偿还融入资金的，按照会员与客户之间的约定办理。

2.13 投资者融券卖出后，自次一交易日起可以通过直接还券或买券还券的方式向会员偿还融入证券。

以直接还券方式偿还融入证券的，按照会员与客户之间约定，以及本所指定登记结算机构的有关规定办理。

投资者融券卖出的证券暂停交易的，可以按照约定以现金等方式向会员偿还融入证券。

2.14 投资者卖出信用证券账户内融资买入尚未了结合约的证券所得价款，应当先偿还该投资者的融资欠款。

2.15 未了结相关融券交易前，投资者融券卖出所得价款除以下用途外，不得另作他用。

（一）买券还券；

（二）偿还融资融券交易相关利息、费用或融券交易相关权益现金补偿；

（三）买入或申购证券公司现金管理产品、货币市场基金以及本所认可的其他高流动性证券；

（四）证监会及本所规定的其他用途。

2.16 会员与客户约定的融资、融券合约期限自客户实际使用资金或证券之日起开始计算，最长不超过 6 个月。合约到期前，会员可以根据客户的申请为客户办理展期，每次展期的期限最长不得超过 6 个月。

会员在为客户办理合约展期前，应当对客户的信用状况、负债情况、维持担保比例水平等进行评估。

2.17 会员融券专用证券账户不得用于证券买卖。

2.18 投资者信用证券账户不得用于买入或转入除可充抵保证金证券范围以外的证券，也不得用于参与定向增发、股票交易型开放式基金和债券交易型开放式基金申购及赎回、债券回购等。

2.19 客户未能按期交足担保物或者到期未偿还融资融券债务的，会员可以根据与客户的约定处分其担保物，不足部分可以向客户追索。

2.20 会员根据与客户的约定采取强行平仓措施的，应当按照本所规定的格式申报强行平仓指令，申报指令应当包括客户的信用证券账户号码、融资融券专用交易单元代码、证券代码、买卖方向、价格、数量、融资强行平仓或融券强行平仓标识等内容。

第三章　标的证券

3.1 在本所上市交易的下列证券，经本所认可，可作为融资买入标的证券或融券卖出标的证券（以下简称"标的证券"）。

（一）股票；

（二）证券投资基金；

（三）债券；

（四）其他证券。

3.2 标的证券为股票的，应当符合下列条件。

（一）在本所上市交易超过 3 个月；

（二）融资买入标的股票的流通股本不少于 1 亿股或流通市值不低于 5 亿元，融券卖出标的股票的流通股本不少于 2 亿股或流通市值不低于 8 亿元；

（三）股东人数不少于 4 000 人；

（四）在最近 3 个月内没有出现下列情形之一：

①日均换手率低于基准指数日均换手率的 15%，且日均成交金额低于 5 000 万元；

②日均涨跌幅平均值与基准指数涨跌幅平均值的偏离值超过 4%；

③波动幅度达到基准指数波动幅度的 5 倍以上；

（五）股票交易未被本所实行风险警示；

（六）本所规定的其他条件。

3.3 标的证券为交易型开放式基金的，应当符合下列条件。

（一）上市交易超过 5 个交易日；

（二）最近 5 个交易日内的日平均资产规模不低于 5 亿元；

（三）基金持有户数不少于 2 000 户；

（四）本所规定的其他条件。

3.4 标的证券为上市开放式基金的，应当符合下列条件。

（一）上市交易超过 5 个交易日；

（二）最近 5 个交易日内的日平均资产规模不低于 5 亿元；

（三）基金持有户数不少于 2 000 户；

（四）基金份额不存在分拆、合并等分级转换情形；

（五）本所规定的其他条件。

3.5 标的证券为债券的，应当符合下列条件。

（一）债券托管面值在 1 亿元以上；

（二）债券剩余期限在一年以上；

（三）债券信用评级达到 AA 级（含）以上；

（四）本所规定的其他条件。

3.6 本所按照从严到宽、从少到多、逐步扩大的原则，从满足本细则规定的证券范围内，审核、选取并确定可作为标的证券的名单，并向市场公布。

本所可根据市场情况调整标的证券的选择标准和名单。

3.7 会员向其客户公布的标的证券名单，不得超出本所公布的标的证券范围。

3.8 标的证券暂停交易的，会员与其客户可以根据双方约定了结相关融资融券合约。标的证券暂停交易，且恢复交易日在融资融券债务到期日之后的，融资融券的期限可以顺延，顺延的具体期限由会员与其客户自行约定。

3.9 标的股票交易被实行风险警示的，本所自该股票被实行风险警示当日起将其调整出标的证券范围。

标的证券为创业板股票的，本所自该公司首次发布暂停上市或终止上市风险提示公告当日起将其调整出标的证券范围。

3.10 标的证券进入终止上市程序的，本所自发行人做出相关公告当日起将其调整出标的证券范围。

3.11 证券被调整出标的证券范围的，在调整前未了结的融资融券合约仍然有效。会员与其客户可以根据双方约定提前了结相关融资融券合约。

第四章　保证金和担保物

4.1 会员向客户融资、融券，应当向客户收取一定比例的保证金。保证金可以本所上市交易的股票、证券投资基金、债券，货币市场基金、证券公司现金管理产品及本所认可的其他证券充抵。

4.2 可充抵保证金的证券，在计算保证金金额时应当以证券市值或净值按下列折算率进行折算。

（一）深证 100 指数成份股股票的折算率最高不超过 70%，非深证 100 指数成份股股票的折算率最高不超过 65%；

（二）交易型开放式基金折算率最高不超过 90%；

（三）证券公司现金管理产品、货币市场基金、国债的折算率最高不超过 95%；

（四）被实行风险警示、暂停上市或进入退市整理期的证券、权证的折算率为 0%；

（五）其他上市证券投资基金和债券折算率最高不超过 80%。

4.3 本所遵循审慎原则，审核、选取并确定可充抵保证金证券的名单，并向市场公布。

本所可根据市场情况调整可充抵保证金证券的名单和折算率。

4.4 会员公布的可充抵保证金证券的名单，不得超出本所公布的可充抵保证金证券范围。

会员应当根据流动性、波动性等指标对可充抵保证金证券的折算率实行动态管理与差异化控制，但会员公布的折算率不得高于本所规定的标准。

4.5 投资者融资买入证券时，融资保证金比例不得低于 100%。

融资保证金比例是指投资者融资买入证券时交付的保证金与融资交易金额的比例。其计算公式为：

融资保证金比例＝保证金／（融资买入证券数量 × 买入价格）×100%

4.6 投资者融券卖出时，融券保证金比例不得低于 50%。

融券保证金比例是指投资者融券卖出时交付的保证金与融券交易金额的比例。其计算公式为：

融券保证金比例＝保证金／（融券卖出证券数量 × 卖出价格）×100%

4.7 投资者融资买入或融券卖出时所使用的保证金不得超过其保证金可用余额。

保证金可用余额是指投资者用于充抵保证金的现金、证券市值及融资融券交易产生的浮盈经折算后形成的保证金总额，减去投资者未了结融资融券交易已用保证金及相关利息、费用的余额。

其计算公式为：保证金可用余额＝现金＋∑（可充抵保证金的证券市值 × 折算率）＋∑〔（融资买入证券市值－融资买入金额）× 折算率〕＋∑〔（融券卖出金额－融券卖出证券市值）× 折算率〕－∑融券卖出金额－∑融资买入证券金额 × 融资保证金比例－∑融券卖出证券市值 × 融券保证金比例－利息及费用。

公式中，融券卖出金额＝融券卖出证券的数量 × 卖出价格，融券卖出证券市值＝融券卖出证券数量 × 市价，融券卖出证券数量指融券卖出后尚未偿还的证券数量；∑〔（融资买入证券市值－融资买入金额）× 折算率〕、∑〔（融券卖出金额－融券卖出证券市值）× 折算率〕中的折算率是指融资买入、融券卖出证券对应的折算率，当融资买入证券市值低于融资买入金额或融券卖出证券市值高于融券卖出金额时，折算率按100% 计算。

4.8 会员向客户收取的保证金、客户融资买入的全部证券和融券卖出所得的全部价款，整体作为客户对会员融资融券所生债务的担保物。

4.9 会员应当对客户提交的担保物进行整体监控，并计算其维持担保比例。

维持担保比例是指客户担保物价值与其融资融券债务之间的比例。其计算公式为：

维持担保比例＝（现金＋信用证券账户内证券市值总和）/（融资买入金额＋融券卖出证券数量 × 当前市价＋利息及费用总和）

客户信用证券账户内的证券，出现被调出可充抵保证金证券范围、被暂停交易、被实行风险警示等特殊情形或者因权益处理等产生尚未到账的在途证券，会员在计算客户维持担保比例时，可以根据与客户的约定按照公允价格或其他定价方式计算其市值。

4.10 会员应当加强对客户担保物的管理，对客户提交的担保物中单一证券市值占其担保物市值的比例进行监控。

对于担保物中单一证券市值占比达到一定比例的客户，会员应当按照与客户的约定，暂停接受其融资买入该证券的委托或采取其他风险控制措施。

4.11 客户维持担保比例不得低于 130%。

当客户维持担保比例低于130%时，会员应当通知客户在约定的期限内追加担保物，客户经会员认可后，可以提交除可充抵保证金证券外的其他证券、不动产、股权等资产。

会员可以与其客户自行约定追加担保物后的维持担保比例要求。

4.12 维持担保比例超过300%时，客户可以提取保证金可用余额中的现金或充抵保证金的证券，但提取后维持担保比例不得低于300%。本所另有规定的除外。

4.13 本所认为必要时，可以调整融资、融券保证金比例及维持担保比例的标准，并向市场公布。

4.14 会员公布的融资、融券保证金比例及维持担保比例的最低标准，不得低于本所规定的标准。

4.15 投资者不得将已设定担保或其他第三方权利及被采取查封、冻结等司法强制措施的证券提交为担保物，会员不得向客户借出此类证券。

第五章 信息披露和报告

5.1 本所在每个交易日开市前，根据会员报送数据，向市场公布下列信息。

（一）前一交易日单只标的证券融资融券交易信息，包括融资买入额、融资余额、融券卖出量、融券余量等信息；

（二）前一交易日市场融资融券交易总量信息。

5.2 会员应当按照本所要求每个交易日向本所报送当日各标的证券融资买入额、融资还款额、融资余额、融券卖出量、融券偿还量以及融券余量等数据。

会员应当保证所报送数据的真实、准确、完整。

第六章 风险控制

6.1 单只标的证券的融资余额、信用账户担保物市值占该证券上市可流通市值的比例均达到25%时，本所可以在次一交易日暂停其融资买入，并向市场公布。

该标的证券的融资余额或者信用账户担保物市值占该证券上市可流通市值的比例降低至20%以下时，本所可以在次一交易日恢复其融资买入，并向市场公布。

6.2 单只标的证券的融券余量达到该证券上市可流通量的25%时，本所可以在次一交易日暂停其融券卖出，并向市场公布。

该标的证券的融券余量降低至 20% 以下时，本所可以在次一交易日恢复其融券卖出，并向市场公布。

6.3 本所对市场融资融券交易进行监控。融资融券交易出现异常或市场持续大幅波动时，本所可视情况采取以下措施并向市场公布。

（一）调整标的证券标准或范围；

（二）调整可充抵保证金证券的折算率；

（三）调整融资、融券保证金比例；

（四）调整维持担保比例；

（五）暂停特定标的证券的融资买入或融券卖出交易；

（六）暂停整个市场的融资买入或融券卖出交易；

（七）本所认为必要的其他措施。

6.4 融资融券交易存在异常交易行为的，本所可以视情形采取限制相关证券账户交易等措施。

6.5 会员应当按照本所的要求，对客户的融资融券交易进行监控，并主动、及时地向本所报告其客户的异常融资融券交易行为。

6.6 本所可根据需要，对会员与融资融券业务相关的内部控制制度、业务操作规范、风险管理措施、交易技术系统的安全运行状况及对本所相关业务规则的执行情况等进行检查。

6.7 会员违反本细则的，本所可依据《深圳证券交易所会员管理规则》的相关规定采取监管措施或给予纪律处分，并可视情形暂停或取消其在本所的融资或融券交易权限。

第七章　其他事项

7.1 会员在向客户提供融资融券交易服务时，应当要求客户申报其持有限售股份、解除限售存量股份情况，以及是否为上市公司董事、监事、高级管理人员或持股 5% 以上股东等相关信息。会员应当对客户的申报情况进行核实，并进行相应的前端控制。

7.2 个人或机构客户持有上市公司限售股份的，会员不得接受其融券卖出该上市公司股份，也不得接受其以普通证券账户持有的限售股份充抵保证金。

会员不得以其普通证券账户持有的限售股份提交作为融券券源。

7.3 个人客户持有上市公司解除限售存量股份的，会员不得接受其以普通证券账户持有的该上市公司股份充抵保证金。

7.4 会员不得接受上市公司的董事、监事、高级管理人员、持股 5% 以上的股东开展以该上市公司股票为标的证券的融资融券交易。

7.5 会员通过客户信用交易担保证券账户持有的股票不计入其自有股票，会员无须因该账户内股票数量的变动而履行相应的信息报告、披露或者要约收购义务。

投资者及其一致行动人通过普通证券账户和信用证券账户合计持有一家上市公司股票及其权益的数量或者其增减变动达到规定的比例时，应当依法履行相应的信息报告、披露或者要约收购义务。

7.6 对客户信用交易担保证券账户记录的证券，由会员以自己的名义，为客户的利益，行使对发行人的权利。会员行使对发行人的权利，应当事先征求客户的意见，提醒客户遵守关联关系事项回避表决的规定，并按照其意见办理。客户未表示意见的，会员不得行使对发行人的权利。

本条所称对发行人的权利，是指请求召开证券持有人会议、参加证券持有人会议、提案、表决、配售股份的认购、请求分配投资收益等因持有证券而产生的权利。

7.7 会员客户信用交易担保证券账户内证券的分红、派息、配股等权益处理，按照《证券公司融资融券业务管理办法》和本所指定登记结算机构有关规定办理。

第八章 附则

8.1 本细则下列用语具有如下含义。

（1）证券类资产，是指投资者持有的客户交易结算资金、股票、债券、基金、证券公司资产管理计划等资产。

（2）买券还券，是指客户通过其信用证券账户委托会员买券，在结算时由登记结算机构直接将买入的证券划转至会员融券专用证券账户内的一种还券方式。

（3）卖券还款，是指客户通过其信用证券账户委托会员卖券，在结算时卖出证券所得资金直接划转至会员融资专用资金账户内的一种还款方式。

（4）现金管理产品，是指证券公司或其资产管理子公司为经纪业务客户设立并管理的，客户可用资金当日可申购、赎回资金当日可用于证券交易，主要投资于货币市场工具，由中国证券登记结算公司托管的资产管理计划或其他形式的产品。

（5）日均换手率，是指最近 3 个月内标的证券或基准指数每日换手率的平均值。

（6）日均涨跌幅，是指最近 3 个月内标的证券或基准指数每日涨跌幅绝对值的平均值。

（7）波动幅度，是指最近 3 个月内标的证券或基准指数最高价与最低价之差对最高价和最低价的平均值之比。

（8）基准指数，是指深证 A 股指数、中小板综合指数、创业板综合指数。

（9）证券投资基金上市可流通市值，是指其当日收盘价与当日清算后的场内份额的乘积。

（10）异常交易行为，是指《深圳证券交易所交易规则》证券交易监督相关条款规定的行为。

（11）存量股份，是指已完成股权分置改革、在本所上市的公司有限售期规定的股份以及新老划断后在本所上市的公司于首次公开发行前已发行的股份。

（12）专业机构投资者，是指经国家金融监管部门批准设立的金融机构，包括商业银行、证券公司、基金管理公司、期货公司、信托公司和保险公司等；上述金融机构管理的金融产品；经证监会或者其授权机构登记备案的私募基金管理机构及其管理的私募基金产品；证监会认可的其他投资者。

8.2 投资者通过上海普通证券账户持有的深圳市场发行上海市场配售股份划转到深圳普通证券账户后，方可提交作为融资融券交易的担保物。

投资者通过深圳普通证券账户持有的上海市场发行深圳市场配售股份划转到上海普通证券账户后，方可提交作为融资融券交易的担保物。

8.3 依照本细则达成的融资融券交易，其清算交收的具体规则，依照本所指定登记结算机构的规定执行。

8.4 本细则所称"超过""低于""少于"不含本数，"以上""以下""达到"含本数。

8.5 本细则由本所负责解释。

8.6 本细则自发布之日起施行。

证券公司融资融券业务管理办法

第一章 总则

第一条 为了规范证券公司融资融券业务活动，完善证券交易机制，防范证券公司的风险，保护证券投资者的合法权益和社会公共利益，促进证券市场平稳健康发展，特制定本办法。

第二条 证券公司开展融资融券业务，应当遵守法律、行政法规和本办法的规定，加强内部控制，严格防范和控制风险，切实维护客户合法权益。

本办法所称融资融券业务，是指向客户出借资金供其买入证券或者出借证券供其卖出，并收取担保物的经营活动。

第三条 证券公司开展融资融券业务，必须经中国证券监督管理委员会（以下简称证监会）批准。未经证监会批准，任何证券公司不得向客户融资、融券，也不得为客户与客户、客户与他人之间的融资融券活动提供任何便利和服务。

第四条 证券公司经营融资融券业务不得有以下行为。

（一）诱导不适当的客户开展融资融券业务；

（二）未向客户充分揭示风险；

（三）违规挪用客户担保物；

（四）进行利益输送和商业贿赂；

（五）为客户进行内幕交易、操纵市场、规避信息披露义务及其他不正当交易活动提供便利；

（六）法律、行政法规和证监会规定禁止的其他行为。

第五条 证监会及其派出机构依照法律、行政法规和本办法的规定，对证券公司融资融券业务活动进行监督管理。

中国证券业协会、证券交易所、证券登记结算机构按照本机构的章程和规则，对证券公司融资融券业务活动进行自律管理。中国证券金融公司对证券公司融资融券业务和客户融资融券交易情况进行监测监控。

第六条 证监会建立健全融资融券业务的逆周期调节机制，对融资融券业务实施宏观审慎管理。

证券交易所建立融资融券业务风险控制指标浮动管理机制，对融资融券业务实施逆周期调节。

第二章 业务许可

第七条 证券公司申请融资融券业务资格，应当具备下列条件。

（一）具有证券经纪业务资格；

（二）公司治理健全，内部控制有效，能有效识别、控制和防范业务经营风险和内部管理风险；

（三）公司最近2年内不存在因涉嫌违法违规正被证监会立案调查或者正处于整改期间的情形；

（四）财务状况良好，最近2年各项风险控制指标持续符合规定，注册资本和净资本符合增加融资融券业务后的规定；

（五）客户资产安全、完整，客户交易结算资金第三方存管有效实施，客户资料完整真实；

（六）已建立完善的客户投诉处理机制，能够及时、妥善处理与客户之间的纠纷；

（七）已建立符合监管规定和自律要求的客户适当性制度，实现客户与产品的适当性匹配管理；

（八）信息系统安全稳定运行，最近1年未发生因公司管理问题导致的重大事件，融资融券业务技术系统已通过证券交易所、证券登记结算机构组织的测试；

（九）有拟负责融资融券业务的高级管理人员和适当数量的专业人员；

（十）证监会规定的其他条件。

第八条 证券公司申请融资融券业务资格，应当向证监会提交下列材料，同时抄报住所地证监会派出机构。

（一）融资融券业务资格申请书；

（二）股东会（股东大会）关于经营融资融券业务的决议；

（三）融资融券业务方案、内部管理制度文本和按照本办法第十二条制定的选择客户的标准；

（四）负责融资融券业务的高级管理人员与业务人员的名册及资格证明文件；

（五）证券交易所、证券登记结算机构出具的关于融资融券业务技术系统已通过测试的证明文件；

（六）证监会要求提交的其他文件。

证券公司的法定代表人和经营管理的主要负责人应当在融资融券业务资格申请书上签字，承诺申请材料的内容真实、准确、完整，并对申请材料中存在的虚假记载、误导性陈述和重大遗漏承担相应的法律责任。

第九条 获得批准的证券公司应当按照规定，向公司登记机关申请业务范围变更登记，向证监会申请换发《经营证券业务许可证》。

取得证监会换发的《经营证券业务许可证》后，证券公司方可开展融资融券业务。

第三章 业务规则

第十条 证券公司经营融资融券业务，应当以自己的名义，在证券登记结算机构分别开立融券专用证券账户、客户信用交易担保证券账户、信用交易证券交收账户和信用交易资金交收账户。

融券专用证券账户用于记录证券公司持有的拟向客户融出的证券和客户归还的证券，不得用于证券买卖；客户信用交易担保证券账户用于记录客户委托证券公司持有、担保证券公司因向客户融资融券所生债权的证券；信用交易证券交收账户用于客户融资融券交易的证券结算；信用交易资金交收账户用于客户融资融券交易的资金结算。

第十一条 证券公司经营融资融券业务，应当以自己的名义，在商业银行分别开立融资专用资金账户和客户信用交易担保资金账户。

融资专用资金账户用于存放证券公司拟向客户融出的资金及客户归还的资金；客户信用交易担保资金账户用于存放客户交存的、担保证券公司因向客户融资融券所生债权的资金。

第十二条 证券公司在向客户融资、融券前，应当办理客户征信，了解客户的身份、财产与收入状况、证券投资经验和风险偏好、诚信合规记录等情况，做好客户适当性管理工作，并以书面或者电子方式予以记载、保存。

对未按照要求提供有关情况、从事证券交易时间不足半年、缺乏风险承担能力、最近 20 个交易日日均证券类资产低于 50 万元或者有重大违约记录的客户，以及本公司的股东、关联人，证券公司不得为其开立信用账户。

专业机构投资者参与融资、融券，可不受前款从事证券交易时间、证券类资产的条件限制。

本条第二款所称股东，不包括仅持有上市证券公司 5% 以下流通股份的股东。

证券公司应当按照适当性制度要求，制定符合本条规定的选择客户的具体标准。

第十三条 证券公司在向客户融资、融券前，应当与其签订载有中国证券业协会规定的必备条款的融资融券合同，明确约定下列事项。

（一）融资、融券的额度、期限、利率（费率）、利息（费用）的计算方式；

（二）保证金比例、维持担保比例、可充抵保证金的证券的种类及折算率、担保债权范围；

（三）追加保证金的通知方式、追加保证金的期限；

（四）客户清偿债务的方式及证券公司对担保物的处分权利；

（五）融资买入证券和融券卖出证券的权益处理；

（六）违约责任；

（七）纠纷解决途径；

（八）其他有关事项。

第十四条 融资融券合同应当约定，证券公司客户信用交易担保证券账户内的证券和客户信用交易担保资金账户内的资金，为担保证券公司因融资融券所生对客户债权的信托财产。

证券公司与客户约定的融资、融券期限不得超过证券交易所规定的期限；融资利率、融券费率由证券公司与客户自主商定。

合约到期前，证券公司可以根据客户的申请为客户办理展期，每次展期期限不得超过证券交易所规定的期限。

证券公司在为客户办理合约展期前，应当对客户的信用状况、负债情况、维持担保比例水平等进行评估。

第十五条 证券公司与客户签订融资融券合同前，应当采用适当的方式向客户讲解业务规则和合同内容，明确告知客户权利、义务及风险，特别是关于违约处置的风险控制安排，并将融资融券交易风险揭示书交由客户书面确认。

第十六条 证券公司与客户签订融资融券合同后，应当根据客户的申请，按照证券登记结算机构的规定，为其开立实名信用证券账户。客户信用证券账户与其普通证券账户的开户人姓名或者名称应当一致。

客户信用证券账户是证券公司客户信用交易担保证券账户的二级账户，用于记载客户委托证券公司持有的担保证券的明细数据。

证券公司应当委托证券登记结算机构根据清算、交收结果等，对客户信用证券账户内的数据进行变更。

第十七条 证券公司应当参照客户交易结算资金第三方存管的方式，与其客户及商业银行签订客户信用资金存管协议。

证券公司在与客户签订融资融券合同后，应当通知商业银行根据客户的申请，为其开立实名信用资金账户。

客户信用资金账户是证券公司客户信用交易担保资金账户的二级账户，用于记载客户交存的担保资金的明细数据。

商业银行根据证券公司提供的清算、交收结果等，对客户信用资金账户内的数据进行变更。

第十八条 证券公司向客户融资，只能使用融资专用资金账户内的资金；向客户融券，只能使用融券专用证券账户内的证券。

客户融资买入、融券卖出的证券，不得超出证券交易所规定的范围。

客户在融券期间卖出其持有的、与所融入证券相同的证券的，应当符合证券交易所的规定，不得以违反规定卖出该证券的方式操纵市场。

第十九条 证券公司经营融资融券业务，按照客户委托发出证券交易、证券划转指令的，应当保证指令真实、准确。因证券公司的过错导致指令错误，造成客户损失的，客户可以依法要求证券公司赔偿，但不影响证券交易所、证券登记结算机构正在执行或者已经完成的业务操作。

第二十条 证券公司融资融券的金额不得超过其净资本的4倍。

证券公司向单一客户或者单一证券的融资、融券的金额占其净资本的比例等风险控制指标，应当符合证监会和证券交易所的规定。

第二十一条 客户融资买入证券的，应当以卖券还款或者直接还款的方式偿还向证券公司融入的资金。

客户融券卖出的，应当以买券还券或者直接还券的方式偿还向证券公司融入的证券。

客户融券卖出的证券暂停交易的，可以按照约定以现金等方式偿还向证券公司融入的证券。

第二十二条 客户融资买入或者融券卖出的证券暂停交易，且交易恢复日在融资融券债务到期日之后的，融资融券的期限顺延。

融资融券合同另有约定的，从其约定。

第二十三条 客户融资买入或者融券卖出的证券预定终止交易，且最后交易日在融资融券债务到期日之前的，融资融券的期限缩短至最后交易日的前一交易日。融资融券合同另有约定的，从其约定。

第四章　债权担保

第二十四条 证券公司向客户融资、融券，应当向客户收取一定比例的保证金。保证金可以证券充抵。

第二十五条 证券公司应当将收取的保证金以及客户融资买入的全部证券和融券卖出所得全部价款，分别存放在客户信用交易担保证券账户和客户信用交易担保资金账户，作为对该客户融资融券所生债权的担保物。

第二十六条 证券公司应当在符合证券交易所规定的前提下，根据客户信用状况、担保物质量等情况，与客户约定最低维持担保比例、补足担保物的期限以及违约处置方式等。

证券公司应当逐日计算客户交存的担保物价值与其所欠债务的比例。当该比例低于约定的维持担保比例时，应当通知客户在约定的期限内补交担保物，客户经证券公司认可后，可以提交除可充抵保证金证券以外的其他证券、不动产、股权等资产。

客户未能按期交足担保物或者到期未偿还债务的，证券公司可以按照约定处分其担保物。

第二十七条 本办法第二十四条规定的保证金比例和可充抵保证金的证券的种类、折算率，第二十六条规定的最低维持担保比例和客户补交担保物的期限，由证券交易所规定。

证券交易所应当对可充抵保证金的各类证券制定不同的折算率要求。

证券公司在符合证券交易所规定的前提下，应当对可充抵保证金的证券折算率实行动态管理和差异化控制。

第二十八条 除下列情形外，任何人不得动用证券公司客户信用交易担保证券账户内的证券和客户信用交易担保资金账户内的资金。

（一）为客户进行融资融券交易的结算；

（二）收取客户应当归还的资金、证券；

（三）收取客户应当支付的利息、费用、税款；

（四）按照本办法的规定以及与客户的约定处分担保物；

（五）收取客户应当支付的违约金；

（六）客户提取还本付息、支付税费及违约金后的剩余证券和资金；

（七）法律、行政法规和本办法规定的其他情形。

第二十九条 客户交存的担保物价值与其债务的比例，超过证券交易所规定水平的，客户可以按照证券交易所的规定和融资融券合同的约定，提取担保物。

第三十条 司法机关依法对客户信用证券账户或者信用资金账户记载的权益采取财产保全或者强制执行措施的，证券公司应当处分担保物，实现因向客户融资融券所生债权，并协助司法机关执行。

第五章　权益处理

第三十一条　证券登记结算机构依据证券公司客户信用交易担保证券账户内的记录，确认证券公司受托持有证券的事实，并以证券公司为名义持有人，登记于证券持有人名册。

第三十二条　对客户信用交易担保证券账户记录的证券，由证券公司以自己的名义，为客户的利益，行使对证券发行人的权利。

证券公司行使对证券发行人的权利，应当事先征求客户的意见，并按照其意见办理。客户未表达意见的，证券公司不得行使对发行人的权利。

前款所称对证券发行人的权利，是指请求召开证券持有人会议、参加证券持有人会议、提案、表决、配售股份的认购、请求分配投资收益等因持有证券而产生的权利。

第三十三条　证券登记结算机构受证券发行人委托以证券形式分派投资收益的，应当将分派的证券记录在证券公司客户信用交易担保证券账户内，并相应变更客户信用证券账户的明细数据。

证券登记结算机构受证券发行人委托以现金形式分派投资收益的，应当将分派的资金划入证券公司信用交易资金交收账户。证券公司应当在资金到账后，通知商业银行对客户信用资金账户的明细数据进行变更。

第三十四条　客户融入证券后、归还证券前，证券发行人分配投资收益、向证券持有人配售或者无偿派发证券、发行证券持有人有优先认购权的证券的，客户应当按照融资融券合同的约定，在偿还债务时，向证券公司支付与所融入证券可得利益相等的证券或者资金。

第三十五条　证券公司通过客户信用交易担保证券账户持有的股票不计入其自有股票，证券公司无须因该账户内股票数量的变动而履行相应的信息报告、披露或者要约收购义务。

客户及其一致行动人通过普通证券账户和信用证券账户合计持有一家上市公司股票及其权益的数量或者其增减变动达到规定的比例时，应当依法履行相应的信息报告、披露或者要约收购义务。

第六章　监督管理

第三十六条　证券交易所应当根据市场发展情况，对融资融券业务保证金比例、标的证券范围、可充抵保证金的证券种类及折算率、最低维持担保比例等进行动态调整，实施逆周期调节。

证券交易所可以对单一证券的市场融资买入量、融券卖出量和担保物持有量占其市场流通量的比例、融券卖出的价格做出限制性规定。

证券公司应当在符合监管要求的前提下，根据市场情况、客户和自身风险承受能力，对融资融券业务保证金比例、标的证券范围、可充抵保证金的证券种类及折算率、最低维持担保比例和业务集中度等进行动态调整和差异化控制。

业务集中度包括：向全体客户融资、融券的金额占净资本的比例，单一证券的融资、融券的金额占净资本的比例，接受单只担保证券的市值占该证券总市值的比例，单一客户提交单只担保证券的市值占该客户担保物市值的比例等。

第三十七条　证券公司开展融资融券业务，应当建立完备的管理制度、操作流程和风险识别、评估与控制体系，确保风险可测、可控、可承受。

证券公司应当对融资融券业务实行集中统一管理。融资融券业务的决策和主要管理职责应当由证券公司总部承担。

证券公司应当建立健全融资融券业务压力测试机制，定期、不定期对融资融券业务的流动性风险、信用风险、市场风险、技术系统风险等进行压力测试，根据压力测试结果对本办法第三十六条第三款所规定的本公司相关指标进行优化和调整。

第三十八条　证券交易所应当按照业务规则，采取措施，对融资融券交易的指令进行前端检查，对买卖证券的种类、融券卖出的价格等违反规定的交易指令，予以拒绝。

单一证券的市场融资买入量、融券卖出量或者担保物持有量占其市场流通量的比例达到规定的最高限制比例的，证券交易所可以暂停接受该种证券的融资买入指令或者融券卖出指令。

第三十九条　融资融券交易活动出现异常，已经或者可能危及市场稳定，有必要暂停交易的，证券交易所应当按照业务规则的规定，暂停部分或者全部证券的融资融券交易并公告。

第四十条 证券登记结算机构应当按照业务规则，对与融资融券交易有关的证券划转和证券公司信用交易资金交收账户内的资金划转情况进行监督。对违反规定的证券和资金划转指令，予以拒绝；发现异常情况的，应当要求证券公司作出说明，并向证监会及该公司住所地证监会派出机构报告。

第四十一条 中国证券金融公司应当按照业务规则，要求证券公司及时、准确、真实、完整报送融资融券业务有关数据信息；对证券公司融资融券数据进行统计分析，编制定期报告和专项报告，报送证监会；监测监控融资融券业务风险，对发现的重大业务风险情况，及时报告证监会。

第四十二条 证券公司融资融券业务涉及的客户信用交易资金应当纳入证券市场交易结算资金监控系统，证券公司、存管银行、登记结算机构等应当按要求向中国证券投资者保护基金公司报送相关数据信息。

第四十三条 负责客户信用资金存管的商业银行应当按照客户信用资金存管协议的约定，对证券公司违反规定的资金划拨指令予以拒绝；发现异常情况的，应当要求证券公司作出说明，并向证监会及该公司住所地证监会派出机构报告。

第四十四条 证券公司应当按照融资融券合同约定的方式，向客户送交对账单，并为其提供信用证券账户和信用资金账户内数据的查询服务。

证券登记结算机构应当为客户提供其信用证券账户内数据的查询服务。负责客户信用资金存管的商业银行应当按照客户信用资金存管协议的约定，为客户提供其信用资金账户内数据的查询服务。

第四十五条 证券公司应当通过有效的途径，及时告知客户融资、融券的收费标准及其变动情况。

第四十六条 证券公司应当按照证券交易所的规定，在每日收市后向其报告当日客户融资融券交易的有关信息。证券交易所应当对证券公司报送的信息进行汇总、统计，并在次一交易日开市前予以公告。

第四十七条 证监会及其派出机构、中国证券业协会、证券交易所、证券登记结算机构、中国证券金融公司依照规定履行证券公司融资融券业务监管、自律或者监测分析职责，可以要求证券公司提供与融资融券业务有关的信息、资料。

第四十八条 证监会派出机构按照辖区监管责任制的要求，依法对证券公司及其分支机构的融资融券业务活动中涉及的客户选择、合同签订、授信额度的确定、担保物的收取和管理、补交担保物的通知，以及处分担保物等事项进行非现场检查和现场检查。

第四十九条 对违反本办法规定的证券公司或者其分支机构，证监会或者其派出机构可采取责令改正、监管谈话、出具警示函、责令公开说明、责令参加培训、责令定期报告、暂不受理与行政许可有关的文件、暂停部分或者全部业务、撤销业务许可等相关监管措施；依法应予行政处罚的，依照《证券法》《行政处罚法》等法律法规和证监会的有关规定进行处罚；涉嫌犯罪的，依法移送司法机关，追究其刑事责任。

第七章 附 则

第五十条 负责客户信用资金存管的商业银行，应当是按照规定可以存管证券公司客户交易结算资金的商业银行。

第五十一条 本办法所称专业机构投资者是指：经国家金融监管部门批准设立的金融机构，包括商业银行、证券公司、基金管理公司、期货公司、信托公司和保险公司等；上述金融机构管理的金融产品；经证监会或者其授权机构登记备案的私募基金管理机构及其管理的私募基金产品；证监会认可的其他投资者。

第五十二条 证券交易所、证券登记结算机构和中国证券业协会依照本办法的规定，制定融资融券的业务规则和自律规则，报证监会批准后实施。

第五十三条 本办法自公布之日起施行。2011 年 10 月 26 日发布的《证券公司融资融券业务管理办法》（证监会公告〔2011〕31 号）同时废止。